CHRISTIAN JASCHINSKI

Mörderisches Lipperland

WER MORDET SCHON IN LIPPE? Wie bekamen die Lemgoer Strohsemmeln ihren Namen? Wo kommen mitten in Deutschland Dünenfelder her? Kann man jemanden mit einem Golfball ermorden? Und wer hat Tara Wolfs Mann erschossen? Antworten auf diese und weitere Fragen liefern die elf Kurzgeschichten dieses Bandes. Dazu gibt's 125 Freizeittipps für die Region Lippe. Eine Strafrichterin, ein Paläontologe und eine Hackerin ermitteln zwischen Hermannsdenkmal und Externsteinen. Entdecken Sie gemeinsam mit dem skurrilen Trio eine abwechslungsreiche Wald- und Hügellandschaft sowie zauberhafte Städtchen, erbaut im Mittelalter oder in der Weserrenaissance. Aber Vorsicht: Der rote Faden, der sich durch diese wild-romantische Idylle zieht, könnte eine Blutspur sein. Erkunden Sie mit dem ersten (Krimi-)Freizeitführer für das ehemalige Fürstentum Lippe einen einzigartigen Landstrich. Ausgewählte Fotostrecken zu einzelnen Locations finden Sie unter: www.Mörderisches-Lipperland.de

Christian Jaschinski wurde 1965 in Lemgo geboren, überlebte die harten 1970er in Breitcordhosen und Nickipullovern, verschrieb sich als Pianist und Keyboarder dem 80er-Jahre-Rock und ist nach kleineren Umwegen seit über 20 Jahren wieder in Lippe zu Hause. Als Rad- und Cabriofahrer ist er ein großer Fan der abwechslungsreichen lippischen Landschaft. Er schreibt Krimis und Comedy-Literatur, die er gemeinsam mit Singer-Songwriter Jonas Pütz in »Text-Konzerten« auf die Bühnen bringt.

www.christianjaschinski.de

CHRISTIAN JASCHINSKI

Mörderisches Lipperland

11 Krimis und 125 Freizeittipps

GMEINER SPANNUNG

Personen und Handlung sind frei erfunden. Ähnlichkeiten mit lebenden oder toten Personen sind rein zufällig und nicht beabsichtigt. Zwei Ausnahmen aus Lemgo bestätigen diese Regel: der Stadtführer Werner Kuloge und der Wirt der »Weiten Welt« Ingo Sombray.

Besuchen Sie uns im Internet:
www.gmeiner-verlag.de

Im Ehnried 5, 88605 Meßkirch
Telefon 07575/2095-0
info@gmeiner-verlag.de

1. Auflage 2017

Lektorat: Christine Braun
Herstellung/Kartengestaltung: Mirjam Hecht
Illustration Hermann-Figur und Foto S. 168: © Christian Jaschinski
Umschlaggestaltung: U.O.R.G. Lutz Eberle, Stuttgart
unter Verwendung eines Fotos von: © Reinhard Schäfer / fotolia.com
Druck: CPI books GmbH, Leck
Printed in Germany
ISBN 978-3-8392-2061-0

Für Klaus-Peter Wolf,
meinen Freund und Lehrer.
Danke, dass Tara Deinen Nachnamen tragen darf!

KARTE

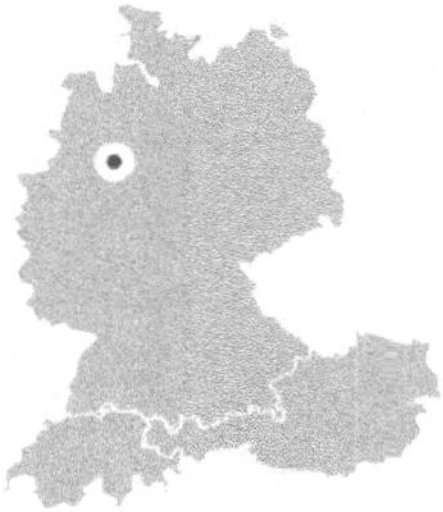

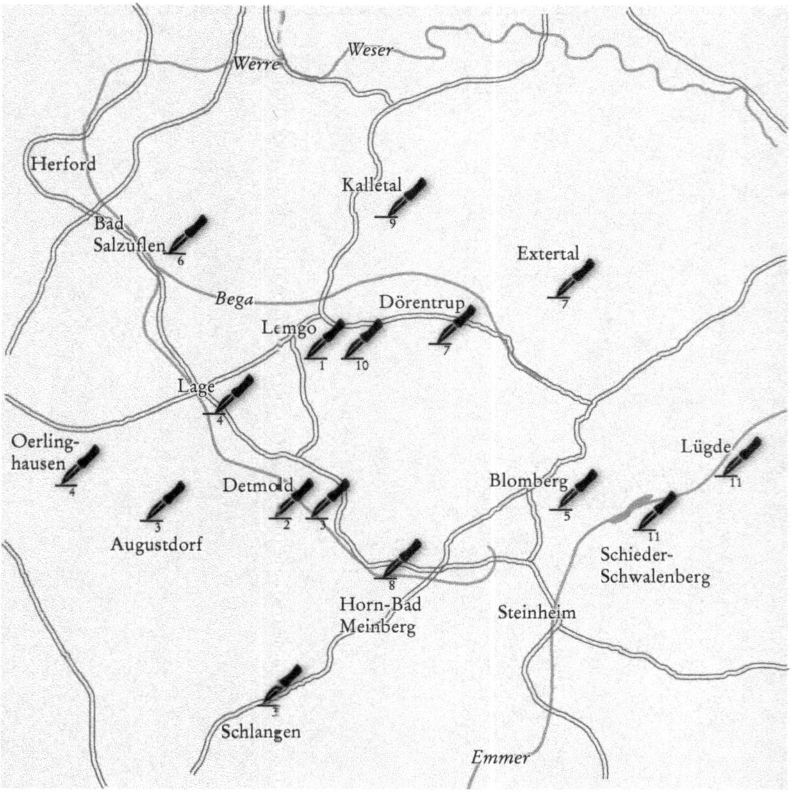
Werre
Weser
Herford
Kalletal
9
Bad
Salzuflen
6
Extertal
7
Bega
Dörentrup
7
Lemgo
1
10
Lage
4
Oerling-
hausen
4
Lügde
11
Blomberg
5
Detmold
2
3
3
Augustdorf
11
Schieder-
Schwalenberg
8
Horn-Bad
Meinberg
Steinheim
3
Schlangen
Emmer

INHALT

Der Kreis Lippe **9**

Wolfsschwur | *Lemgo (1)* **16** | *37*

Wolfslied | *Detmold (1)* **52** | *68*

Wolfshöhe | *Detmold (2); Augustdorf; Schlangen* **79** | *102*

Wolfsatem | *Oerlinghausen; Lage* **108** | *112*

Wolfsball | *Blomberg* **121** | *143*

Wolfsreim | *Bad Salzuflen* **153** | *158*

Wolfswind | *Extertal; Dörentrup* **166** | *172*

Wolfsschatten | *Horn-Bad Meinberg* **178** | *184*

Wolfshass | *Kalletal* **194** | *203*

Wolfsnebel | *Lemgo (2)* **208** | *221*

Wolfsjagd | *Schieder-Schwalenberg; Lügde* **231** | *240*

Epilog **238**

Danke! 251

DER KREIS LIPPE

Das ehemalige Fürstentum Lippe gab nach dem Zweiten Weltkrieg seinen Status als Freistaat auf und musste sich im Rahmen der Bundeslandgründungen entscheiden, ob es zu Niedersachsen oder Nordrhein-Westfalen gehören wollte. Beide Bundesländer zählten zur britischen Besatzungszone.

Während die Verhandlungen mit dem ersten Ministerpräsidenten Niedersachsens aufgrund interner Differenzen scheiterten, war man in Düsseldorf zu einigen Zugeständnissen bereit, die in den »Lippischen Punktationen« 1946 festgeschrieben wurden. Dazu gehörte unter anderem, dass die Bezirksregierung ihren Sitz in Detmold bekam und das Landesvermögen in Lippe blieb und verwaltet wurde.

Die Bedeutung des kleinen Kreises Lippe für das Land Nordrhein-Westfalen manifestiert sich zudem im Landeswappen, in dem neben dem westfälischen Ross (eigentlich Sachsenross) und dem (aus grafischen Gründen gespiegelten) Verlauf des Rheins die Lippische Rose als drittes Element zu sehen ist.

Auf einer Fläche von zirka 1.250 Quadratkilometern leben etwas über 360.000 Menschen in Lippe. Der Kreis wird begrenzt durch die Landkreise:

- Minden und Schaumburg im Norden,
- Hameln-Pyrmont und Holzminden im Osten,
- Gütersloh, Paderborn und Höxter im Süden,
- Herford sowie die kreisfreie Stadt Bielefeld im Westen.

Prägend für die gesamte Region ist der Teutoburger Wald im südlichen Lipperland. Es handelt sich um einen

Mittelgebirgszug, der als Faltengebirge bis in die norddeutsche Tiefebene hineinreicht. Ältere Kämme in dieser Region bestehen teilweise aus Osning-Sandstein, weshalb der Teutoburger Wald früher »Osning« genannt wurde. Vermutlich im 17. Jahrhundert erhielt der Osning seine heutige Bezeichnung, die auf den römischen Historiker Tacitus zurückgeht. In seinen Schriften zur Varusschlacht zwischen Römern und Germanen im 9. Jahrhundert nach Christus verortet er die Schlacht im »Saltus Teutoburgiensis«.

In den Chroniken des ehemaligen Fürstentums hat vieles seinen Ursprung bei den Rittern oder »Edlen Herren tho de Lippe«, die erstmals 1123 Erwähnung finden. Als Vertraute des Welfen-Herzogs Heinrich des Löwen (zirka 1129–1195) wurden ihnen die beanspruchten Grafschaftsrechte an den Bezirken Thiatmelligau (Detmold) und Limgau (Lemgo) nicht streitig gemacht. Die Landesherren Bernhard II. zur Lippe (1140–1224) und sein Sohn Hermann II. (1175–1229) gelten als Bauherren der Falkenburg (zirka 1194).

Hermann der I. (vermutlich 1128–1160), Vater von Bernhard II., gilt als Stammvater des lippischen Regentenhauses. Dieses stellte bis 1895, als Fürst Woldemar (1824–1895) kinderlos starb, ununterbrochen den Fürsten. Derzeit ist Stephan Prinz zur Lippe (*1959) Herr im Detmolder Schloss. Durch die direkte Linie der Familie zu Lippe-Biesterfeld besteht eine enge Verbundenheit zum niederländischen Königshaus: Bernhard zur Lippe-Biesterfeld (1911–2004) war als Prinzgemahl mit der niederländischen Königin Juliana von Oranien-Nassau (1909–2004) verheiratet.

Eine besondere Situation ergab sich 1802, als Fürst Leopold I. (1767–1802) starb. Sein Sohn Leopold II.

(1796–1851) war zu diesem Zeitpunkt erst sechs Jahre alt, sodass seine Mutter, Fürstin Pauline (1769–1820), in Vertretung die Regentschaft über das Fürstentum Lippe bis 1820 übernahm. Sie setzte sich neben ihrem politischen Engagement für ein Sozialsystem ein, das als Vorbild für viele deutsche Staaten galt. Zentrale Elemente waren ein Krankenhaus, eine Erwerbsschule und eine »Aufbewahrungsanstalt kleiner Kinder«, der erste Kindergarten Deutschlands. Die Paulinenstraßen in den größeren lippischen Städten Detmold, Lemgo, Bad Salzuflen und Lage erinnern an das vorbildhafte soziale Engagement der Fürstin, auch wenn ihr nachgesagt wird, dass die Erziehung der eigenen Kinder dabei teilweise auf der Strecke blieb.

Heute laden im Landkreis Lippe historisch wundervoll sanierte Stadtkerne der Weserrenaissance mit Museen und Parks zum Bummeln und Entdecken ein. Viele der in diesem Buch erwähnten Bürger- und Handwerkerhäuser mit ihren prächtigen Fassaden befinden sich in Privatbesitz. Die abwechslungsreiche grüne Hügellandschaft können Sie nicht nur beim Wandern, sondern auch auf reizvollen Rad-, Motorrad- und Cabriotouren entdecken. Viele Naturdenkmäler bieten historisch spannende Einblicke in die deutsche und europäische Geschichte. Ob drinnen oder draußen – lassen Sie sich in gemütliche Cafés, Lounges und Restaurants zum Verweilen und Genießen einladen.

Hinweis: Jeder der elf Kurzkrimis enthält mit Nummern versehene Freizeittipps, die im Anschluss an den jeweiligen Krimi unter Angabe der Nummer erläutert werden.

Und unter www.Mörderisches-Lipperland.de finden Sie zu ausgewählten Locations zahlreiche Fotos, die hoffentlich Lust machen auf eigenes Entdecken. Die Seite ist ein Gemeinschaftsprojekt mit dem Lemgoer Fotografen

Michael John Pitt, von dem der Großteil der ausdrucksstarken Bilder stammt. Die Fotos können Sie sich in geringer Auflösung kostenlos herunterladen – oder auf Wunsch als Abzug, auf Leinwand oder als Fototasse etc. bestellen.

Gute Unterhaltung bei der Lektüre des Buches und vor allem viel Spaß beim Erkunden des wunderschönen Lipperlandes!

Herzlich
Christian Jaschinski

www.Mörderisches-Lipperland.de

PROLOG

Heute war ein guter Tag zum Sterben.

Perfekt, um genau zu sein.

Die Uhr am Ostturm der St.-Marien-Kirche 1 wurde von der Sonne warm angeleuchtet und zeigte kurz vor drei. Wie es aussah, würde der Steinklotz von einer Kirche an diesem lauen Maisamstag sehr voll werden.

Die Harley-Davidson ruhte leicht geneigt auf dem Seitenständer. Der Gärtner hatte den Motor ausgestellt und saß noch breitbeinig im Sattel seiner Maschine. Er zog die rechte Augenbraue hoch, was er sich als Kind bei Mr. Spock abgeschaut hatte. Faszinierenderweise musste er es damals nicht einmal üben. Er konnte es einfach.

Was hatten nur all diese Spießbürger mit dem Heiraten? Jeder, der halbwegs lesen konnte, wusste doch: Je spektakulärer der Antrag und je romantischer die Trauungszeremonie, desto höher war auch die Wahrscheinlichkeit, dass die Ehe nicht lange hielt.

Und der Gärtner würde alles dafür tun, die Wahrscheinlichkeit des Scheiterns heute auf satte 100 Prozent zu kriegen. Bis dass der Tod euch scheidet, hahaha – das konnten sie haben! Ein guter Gärtner erkannte die überflüssigen Triebe einer Pflanze und schnitt sie weg, damit die Leitäste Luft und Raum hatten zum Wachsen. Die Aufgabe gefiel ihm.

Sie waren zu dritt. Die zwei anderen Biker fuhren ebenfalls Harleys, die nun neben dem Gärtner in Fluchtrichtung an der Stiftstraße neben einer Bruchsteinmauer parkten. Die Mauer gehörte zu dem ehemaligen Klostergebäude, in dem sich nun eine Antiquitätenhandlung befand.

Es würde schnell gehen müssen nachher, wenn sie die Stadt am Stumpfen Turm 2 vorbei Richtung Westen verlassen würden. Die Fluchtroute war perfekt ausgearbeitet. Wie immer mit einem Ersatzplan. Aber wenn alles gut lief, bräuchten sie ihn nicht.

Ihre ärmellosen Lederjacken waren abgetragen. Alle zierte dasselbe Emblem auf dem Rücken: ein flammender Reifen, der durch einen gespaltenen Totenkopf raste. Sie waren in diesen Jacken um die halbe Welt gefahren, hatten Geschäfte gemacht, gekämpft, geschlafen und gesoffen.

Der Gärtner trug ein T-Shirt unter seiner Biker-Kutte, sodass man seine gewaltigen Oberarme mit den Tattoos sehen konnte. Links das Superman-Logo und rechts die Buchstabenfolge A.C.A.B. – »All Cops are Bastards«. Unter dem Gewicht, das er sich für seine Bizeps-Curls auf die Langhanteln packte, würden andere beim Bankdrücken zusammenbrechen.

Die Kirchenglocke schlug dreimal. Durch die Fenster des dicken Gemäuers waren Orgeltöne zu hören. Gleich war es so weit.

Er war gut vorbereitet. Das musste er sein. Es würden Bullen da sein. Freunde vom Bräutigam. Die beiden SIG Sauer Super Target mit dem langen Lauf steckten unter seiner Kutte in den Achselholstern, geladen mit 9-Millimeter-Luger-Hohlspitzpatronen. 18 Schuss mussten reichen. Maximal vier für das Zielobjekt, die restlichen 14 für den Rückweg. Er ging einfach mal davon aus, dass die Bullen unbewaffnet zu einer Hochzeit gehen würden. Am Ende lag es an ihnen, wie hässlich es werden würde.

Das ist für dich, Eddie, dachte er zornig. Und für mich,

damit du nicht mehr denkst, ich hätte was damit zu tun gehabt. Darum würde es spektakulär werden und sich schnell rumsprechen. Es sollte niemand auf die Idee kommen, dass er etwas vergaß. Und schon gar nicht vergab. Dafür konnte man die 250 Kilometer von Hamburg hierunter locker in Kauf nehmen.

Der Gärtner nickte seinen Kumpanen zu, stieg vom Bike und ging auf die schwere dunkelbraune Eingangstür zu, die linke Hand schon unter der Kutte.

WOLFSSCHWUR

»Justitia mag eine Augenbinde tragen, aber glauben Sie nicht, sie wäre blind!« Tara Wolf war wütend. Versuchte dennoch, es sich nicht anmerken zu lassen, und presste beide Hände auf die dünne Ermittlungsakte.

Sie war wütend auf den eitlen Staatsanwalt Dr. Henning Plöger, der es einmal mehr vergeigt hatte, die Beweiskette so dicht zu stricken, dass sie nicht riss. Sie war wütend auf den schmierigen Strafverteidiger Sascha Amelung, der die Beweislage schnell und effektiv auseinandergenommen hatte, weil von der Staatsanwaltschaft Beweise vorgelegt wurden, die dem Verwertungsverbot unterlagen. Sie war wütend auf den Angeklagten, der sie und die Zeugin immer wieder selbstherrlich angegrinst hatte. Schlussendlich war Tara wütend auf sich selbst, weil sie als Strafrichterin erneut gezwungen worden war, den Angeklagten aus Mangel an Beweisen nicht verurteilen zu können.

Zielstrebig verließ sie den Gerichtssaal 165 des Landgerichts Detmold. So konnte es keinesfalls weitergehen. Straftäter durften nicht ungestraft davonkommen.

Etwas musste passieren.

Etwas musste sich ändern.

Sie musste etwas ändern!

Würde sie nach allem die Kraft dafür aufbringen?

Er lehnte sich zurück, verschränkte die Arme vor der Brust, hob den Kopf leicht an und schaute zufrieden aus dem Bürofenster. Professor Stefan Köcker genoss den Blick über

Lemgo, der sich ihm vom siebten Stock der Hochschule aus bot. Besonders angetan hatten es ihm die ungleichen Türme der St.-Nicolai-Kirche 3, die sich im Stadtzentrum in unmittelbarer Nachbarschaft zum Markplatz mit historischem Rathaus 4 befand. Einer der Türme war mit einem Zwiebelhelm gestaltet, am anderen wand sich ein Spitzhelm verdreht gen Himmel. So ähnlich sah sich der Professor auch selbst: die verschiedenen Gesichter des Stefan Köcker.

Sicher, sie hatten ihn erwischt und sogar vor Gericht gestellt. Das war überaus ärgerlich. Aber war er verurteilt worden? Nein. War er nicht. Hatten sie relevante Informationen gefunden? Nein. Hatten sie nicht. Nur die Spitze des Eisbergs gesichtet, und das mit einem nicht einmal genehmigten Hack. Was für Stümper.

War er gut genug, um diesen Apparat an der Nase herumzuführen? Oh ja, das war er.

Die dreckige Schlampe hatte doch tatsächlich versucht, ihn reinzureiten. Aber nicht mit ihm. Haha. Das war ja mächtig in ihr enges Höschen gegangen. Undankbares Weibsbild. Er hatte ihr einen Job gegeben und sie gut bezahlt. Schließlich war sie erst im vierten Semester. Wie kam die blöde Kuh dazu, ihn hinzuhängen?

Vor knapp zehn Jahren hatte alles ganz harmlos und klein angefangen. Ihren Namen wusste er noch. Sabrina Wittkämper war eine hübsche Studentin. Ein bisschen dumm. Sehr verzweifelt. Sehr unbegabt im wissenschaftlichen Arbeiten. Dafür sehr willig und begabt in anderen Belangen. Was später aus ihr geworden war, wusste er hingegen nicht. Es war ihm auch völlig egal.

Stefan Köcker konnte sich ein boshaftes Grinsen nicht verkneifen. Die Zeiten, in denen ihm die Meinung der Kollegen im Fachbereich etwas bedeutete, waren längst vorbei. Schließlich hatte sich das Schreiben von Abschluss- und Doktorarbeiten mittlerweile zu einem einträglichen Geschäftsmodell entwickelt. Manchmal gab es auch Sex. Je nachdem. Er war flexibel.

Es war hart gewesen vorher und hatte Narben hinterlassen, dass sie ihn zwei Mal bei der Wahl zum Dekan übergangen hatten. Doch das war längst nicht mehr wichtig. Vielmehr lächelte er über die albernen Gehälter der ach so hochgeschätzten Kolleginnen und Kollegen. Wusste er doch nur zu gut, dass ihre Einkommen im Vergleich zu seinen Umsätzen lächerlich waren.

Vorsichtshalber führte er nach außen hin ein normales Leben, das er selbst bescheiden nannte. Auch wenn er sich wesentlich mehr vorzeigbaren Luxus leisten konnte. Doch das wäre nicht klug.

Er musste zugeben, dass er stolz war auf sein Vermögen, zu dem er es in den letzten Jahren gebracht hatte, und dass es ihm schwerfiel, diesen Erfolg nicht zu zeigen. Die Gründung der englischen Limited war eine geniale Idee gewesen. So konnte er überall auf der Welt Konten eröffnen und verwalten. Der faule Staatsanwalt und seine dämlichen Schergen bei der Kripo hatten die Schweizer Adresse über die Homepage gefunden, die Limited war aber mit keinem Wort zur Sprache gekommen. Also brauchte auch sein Strafverteidiger nichts davon zu wissen. Genauso wenig wie von der Villa am Gardasee, der Stadtwohnung in Berlin-Charlottenburg oder dem Reetdachhaus auf Zingst.

Ganz zu Anfang hatte er sich außerdem einen Mercedes 280 SL wie in der Serie »Hart aber herzlich« gekauft. Der Selfmade-Gedanke der Hauptfiguren gefiel ihm – er sah sich auch als Selfmade-Millionär. Und als er eines Sonntags mit einem Freund wie durch Zufall in dem Oldtimermuseum

»D. kleine Lemgoer« 5 gelandet war, hatte Stefan Köcker gewusst: Er wollte sich ebenfalls eine solche Sammlung aufbauen. Mittlerweile versteckte er fünf Oldtimer in einer gut temperierten Garage in Detmold. Das waren lohnenswerte Investitionen gewesen. Welche andere Wertanlage hatte in den letzten Jahren solche Wachstumsraten zu bieten?

Woran man mal wieder sah, dass es nun wirklich nicht so schwer war, den ein oder anderen Geldstrom zu verschleiern. Die Großkonzerne machten es vor. Warum sollte es im Kleinen nicht auch funktionieren? Am Ende war alles ganz einfach, wenn man die richtigen Leute kannte und ein bisschen nachdenken konnte.

Professor Köcker hatte sich daran gewöhnt, im Verborgenen zu genießen.

Lediglich, dass seine eigene Ghostwriterin gegen ihn ausgesagt hatte, das wurmte ihn nun doch. Undankbare Schlampe.

Aber diese Richterin war echt klasse. Sie hatte ihn laufen lassen. Und sie sah toll aus. Sehr sexy mit der großen Schmetterlingsbrille, die roten, lockigen Haare hinten zu einem wuscheligen Zopf zusammengenommen, und sofern er das von seinem Platz aus sehen konnte, hatte sie viele Sommersprossen. Stefan Köcker fand Sommersprossen irgendwie süß. Ob sie im Dekolleté wohl auch welche hatte? Die Größe ihres Busens hatte er unter dem Talar leider nicht ausmachen können. Sie mochte es bestimmt auf die harte Tour. Das könnte sie von ihm kriegen.

Tara Wolf saß in ihrem schwarzen 1988er Saab-Cabrio und starrte durch die Windschutzscheibe auf die gegenüberliegende Garagenwand.

Das Verdeck war zu drei Vierteln geöffnet. Weiter ging

es nicht auf. Angus hatte es bis zur Hochzeit reparieren wollen, aber die Ersatzteile waren erst heute geliefert worden. Die Pappkiste stand neben Tara auf dem Beifahrersitz. Tränen liefen ihr über die Wangen. Ihr Zwerchfell war völlig verkrampft, weil sie die Schluchzer unterdrücken wollte. Warum, wusste sie nicht. Niemand verbat ihr zu weinen.

Den Platz links in der Doppelgarage nahm das schwere Motorrad ein, das Angus so geliebt hatte und nun nie mehr fahren würde. Taras silbergrauer Volvo V90 parkte draußen vor der Garage.

Es tat so weh. Immer noch so höllisch weh.

Wie hatte das passieren können?

Sie schlug auf das Lenkrad ein.

Unfassbar. Die Schweine waren immer noch frei.

Sie hatte laufen gehen wollen. Es war einfach, von hier aus eine schöne Strecke durch den Lemgoer Stadtwald 6 zu finden, der direkt vor ihrer Haustür lag. Vielleicht eine Runde um die Försterteiche? Auf dem Weg vom Gericht in Detmold nach Lemgo hatte sie sich eine lange Runde vorgenommen. Und schnell hatte sie sie angehen wollen. Lange und schnell. Das Endorphin half gegen den Schmerz. Nicht immer. Aber manchmal. Und manchmal war besser als nie.

Doch als sie zu Hause war, waren der Schmerz und die Wut stärker gewesen. Sie hatte sich nicht aufraffen können. Seit einer Stunde saß sie hier nun.

Lag es an dem Haus, das sie ständig an Angus erinnerte?

Vielleicht sollte sie ausziehen?

»Magst du was essen? Oder trinken?« Seine Stimme war ganz sanft.

Dennoch schreckte Tara hoch. Sie hatte ihn nicht kommen gehört. Normalerweise klopfte er an die Haustür, weil er sie mit Klingeln nicht erschrecken wollte. Mehrfach hatte sie versucht ihm zu erklären, dass Klopfen auch nicht besser war, aber er fand es irgendwie – »organischer«.

Nun stand ihr Nachbar Dr. Peter Falke neben der Beifahrertür, in der Linken geschickt zwei Halbliterflaschen Duckstein, in der Rechten einen Teller, auf dem zwei mit Butter und Rapshonig geschmierte Hälften einer Lemgoer Strohsemmel [7] lagen. Er wusste, was sie mochte, und sah sie aus großen Augen an. Diese befanden sich normalerweise schon ziemlich weit oben, bei seinen schlaksigen 1,90. Weil er es zudem zwanghaft vermied, auf die Fugen zwischen den Fliesen zu treten, stand er wackelig auf den Zehenspitzen seiner großen Füße und war somit noch einen halben Kopf größer als sonst.

Tara hätte auch der blanke Estrich in der Garage genügt, aber Angus hatte auf den Fliesen bestanden. »Wenn, dann machen wir es gleich richtig.«

Tara wischte sich mit dem rechten Handrücken die Tränen weg und zog die Nase hoch. Dann legte sie den Kopf in den Nacken. Es machte ihr nichts aus, ihn aus verheulten Augen anzuschauen. »Setz dich.« Sie beugte sich hinüber, zog am Türöffner und drückte zugleich die Beifahrertür auf. Bevor sich Peter Falke auf den Sitz fallen ließ, zog Tara noch schnell den Ersatzteilkarton weg.

Penibel, wie Peter war, hatte er die Bierflaschen schon zu Hause geöffnet und die Kronkorken wieder vorsichtig auf die Flaschenöffnungen gedrückt. Er reichte Tara eine Flasche, beide drückten mit den Daumen die Korken weg und stießen mit den Flaschen an.

»Aus der Flasche?« Sie lächelte ihn schief an.

»Auf dich!«, sagte Peter Falke nur, bevor er einen tiefen Schluck nahm.

Tara Wolf nickte dankbar, sagte aber nichts. Mit Peter konnte man gut trinken und schweigen. Gleichzeitig fühlte sie sich verstanden. Das tat gut nach so einem Scheißtag. Sie war froh, dass er da war. Und sie nichts sagen musste.

Der Teller mit der Strohsemmel stand unberührt auf dem Armaturenbrett. Noch.

»Ich musste heute schon wieder einen laufen lassen«, sagte Tara in die Stille, die vorher nur durch gelegentliches Flaschengluckern und Schlucken unterbrochen worden war.

»Scheibenkleister!« Das war so ziemlich das Ordinärste, was sie jemals von Peter gehört hatte. Als er sich ihr zuwandte, stieß er sich das Knie an der Handschuhfachklappe.

»Kannst du laut sagen.«

»Scheibenkleister!«, schrie Peter Falke.

Tara musste lachen und verschluckte sich am Bier. Als sie sich wieder beruhigt hatte, sagte sie ernst: »Ich bin das einfach alles so unendlich leid. Ich meine, in weiten Teilen ist unser Rechtssystem okay. Dafür stehe ich auch mit meinem Job. Aber wenn sich der Täter ins Fäustchen lacht und davonstiehlt? Nee, mein Lieber. Damit ist jetzt Schluss!«

»Wovon redest du?«

»Na, rate mal!«

»Du bist Richterin. Beamtin.«

»Ach was.«

»Hör mal. Ich bin auf deiner Seite. Aber wenn du das selbst in die Hand nimmst, das wäre doch …«

»Sag's nicht.«

»Na gut, aber stell dir vor, du liegst falsch. Was dann?«

»So wird es nicht laufen.«

»Hm.«

»Wie lange ist Angus jetzt tot?« Tara schniefte, und

erneut liefen ihr Tränen über die Wangen. Diesmal mehr Tränen der Wut als der Trauer.

»Zwei Monate.«

Als ob sie das nicht selbst am allerbesten wüsste. Wie sollte sie jemals die furchtbaren Bilder von dem Tag aus ihrem Kopf kriegen, der der schönste Tag ihres Lebens hätte werden sollen? Sie nickte energisch. »Genau. Zwei Monate. Und welche Ermittlungsergebnisse haben wir?«

Peter zuckte mit den Achseln.

»Genau. Nullkomma-überhaupt-garnix. Ich meine, was soll der Scheiß? Alle haben die Typen gesehen. Der Hochzeitsfotograf hat sie auf Video. Die haben Patronenhülsen dagelassen. Und *keine einzige* Spur von den Bikern? Das kann doch gar nicht sein!«

»Vielleicht sagen sie nur *dir* nichts.«

»Glaubst du, ich hab keine Quellen?« Tara schüttelte den Kopf, dass ihre rote Mähne flatterte. »Nee, nee. Es passiert nichts. Da läuft irgend so ein Undercover-wir-schützen-unsere-V-Leute-Scheiß.«

»Musst du so oft ›Scheiß‹ sagen?«

»Ja, muss ich.«

Peter Falke nickte. Langsam und bedächtig. »Okay, ich mache mit.«

»Wobei?«

»Bei dem, was nötig ist – im einen wie im anderen Fall.«

»Hab ich nicht verlangt.«

»Nein, hast du nicht.«

Ihr Vorname war nicht das einzige, das Luise Ritter an sich hasste. Dieses Problem war noch ein verhältnismäßig einfach zu lösendes – stellte sie sich doch ausschließlich als Lou vor.

Sie schaute in den angeschlagenen Badezimmerspiegel, den ein langer Riss diagonal in zwei Hälften teilte. Gammelige Wohnung. Alte Einrichtung. In zehn Minuten musste sie los und wusste nicht, wie sie das verheulte Gesicht in einen Zustand versetzen konnte, der es ihr erlaubte, ihren Job als Kellnerin wahrzunehmen. Darauf war sie angewiesen. Wie hatte sie sich nur in so eine verzwickte Situation bringen können? Wie hatte sie nur so bescheuert sein können?

Beim Schwimmtraining im Eau Le 8 war sie auch schon ewig nicht mehr gewesen. Dabei taten ihr die 1.000 Meter jedes Mal so gut. Sie bemerkte zudem, dass ihre Jeans in letzter Zeit immer enger wurden.

Im Nachhinein war es klar, dass es eine komplett beschissene Aktion gewesen war. Sie sich nicht darauf hätte einlassen dürfen. Aber wie immer war das Geld knapp gewesen, und es schien ein einfacher Weg zu sein. Hochlukrativ. Vielleicht hätte sie mit jemandem reden sollen. Aber – mit wem? Wer hätte das verstanden? Alle hätten ihr abgeraten. Zu Recht, wie sie nun zugeben musste. Aber hinterher war man immer schlauer.

Wenigstens durfte sie weiterstudieren. Musste nicht einmal die Hochschule wechseln. Irgendwie hatte der Staatsanwalt das mit dem Dekan hinbekommen, sozusagen als Belohnung für die Zeugenaussage. Bloß, dass der ganze Aufwand nichts genutzt hatte. Alles war umsonst gewesen.

Köcker war noch frei und ihr Name besudelt.

Darum war »umsonst« auch das falsche Wort, denn es hatte sie unendlich viel gekostet.

Sie ekelte sich vor sich selbst.

Wie hatte sie so etwas tun können?

Ihr Name war durchgesickert. Die Kommilitonen schauten sie komisch an. Als ob die noch nie bei einer Klausur gemogelt hätten. Sich noch nie bei einer Hausarbeit irgendwo Hilfe geholt hätten. Aber wehe, man war der, von dem die anderen abschreiben wollten, und man ließ sie nicht. Dann war man das Kollegenschwein. Und sie? Sie hatte doch mit ihrer Arbeit geholfen.

Aber klar. Das war genauso illegal wie abschreiben lassen. Mehr als ein Täuschungsversuch. Das war Betrug. Und nun war es öffentlich und sie die Gearschte.

Lou hasste sich für die Dummheit, die sie begangen hatte. Ach was, »Dummheit« beschrieb nicht annähernd das, was geschehen war. Wie hatte sie da nur hineingeraten können? Es schien leicht verdientes Geld. Genau. Es schien so.

Klar, dass Patrick sie verlassen hatte. Einerseits verstand sie es. Andererseits: Konnte er nicht gerade in dieser Zeit zu ihr stehen? Sie hatte einfach die falschen Entscheidungen getroffen. So wie es aussah, war er in der Vergangenheit wohl ebenso eine gewesen.

Dann war da die Polizei, die sie hatte glauben machen, alles würde gut, wenn sie aussagen würde. Wenn sie sich auf die Finte mit der IP-Adressen-Protokollierung einlassen würde. Sie hatte ihnen vertraut. Was hätte sie auch sonst tun sollen. Wie hätte sie ahnen können, dass es für die Aktion keinen Durchsuchungsbeschluss gab. Dass der Strafverteidiger ihnen die mutmaßliche Beweismittelbeschaffung als illegalen Hack um die Ohren hauen würde.

Und jetzt?

Schon seit einer Woche war sie nicht vor der Tür gewesen, nun musste sie wieder arbeiten gehen.

Lou ging die paar Schritte, die nötig waren, um die kleine schäbige Wohnung in einem der Hochhäuser am Biesterberg [9] zu durchqueren. Bis zum Fenster, von dem aus man die acht Stockwerke hinabschaute.

Waren acht Stockwerke überhaupt hoch genug? Oder müsste sie noch höher steigen? Sie wusste nicht, ob sie den Mut aufbringen würde, hinunterzuspringen.

Sie hatte sich entschieden. Das war ein gutes Gefühl. Tara Wolf saß unter einem Sonnenschirm auf dem Lemgoer Marktplatz, der auch als Steinerner Saal bezeichnet wurde, und genoss mit der beeindruckenden Kulisse des historischen Rathauses im Rücken ihren Cappuccino. Beobachtete die Menschen, die an den Tischen saßen, sich unterhielten oder bei einem großen Latte in einer Zeitung blätterten.

Das Wetter war schön, und sie war mit dem Mountainbike in die Stadt gefahren, wo sie sich mit Peter verabredet hatte. Von ihrem Haus oben am Weißen Weg war sie entspannt hinuntergerollt, über die Hamelner Straße am Junkerhaus 10 vorbei bis zum Ostertor mit dem Kanzlerbrunnen 11. Dort war sie abgestiegen und hatte ihr Rad langsam schlendernd durch die Fußgängerzone in der Mittelstraße 12 geschoben, bis sie am Marktplatz angekommen war.

Ihre Entscheidung hatte Tara ruhiger werden lassen. Es gab noch keinen Plan. Nur einige Ansatzpunkte. Sie hatte sich etwas versprochen. Nein, wenn sie es genau nahm, hatte sie es geschworen. Das war sie sich und Angus schuldig. Schritt für Schritt würde sie vorgehen. Trauer war ein schlechter Ratgeber. Wut sowieso. Das wusste sie, auch wenn beides in ihr schwelte. Aber wenn sie sich nicht zusammenriss, sich nicht konzentrierte, würde sie den Weg nie zu Ende gehen können. Das Ziel nicht erreichen.

Eigentlich waren es zwei Wege. Die parallel verliefen. Manchmal würde es einen Spagat erfordern. Sie würde es schaffen. Nicht nur für sich. Nicht nur für Angus. Aber auch.

Tara nahm einen Schluck aus ihrer Tasse und musste lächeln. Sie dachte an Angus, wie er über Leute gelästert hatte, die einen »großen« Cappuccino bestellen. »Das ist doch völlig unlogisch«, hatte er gesagt. »Ein Cappuccino ist ja nur etwas aufgeschäumte Milch, durch die ein Espresso in die Tasse gelaufen ist. Was soll ein großer Cappuccino sein? Ein Riesenespresso mit Schaum?« Modeschnickschnack hatte er das genannt. Er, der passionierte Teetrinker. Tara mochte lieber Kaffee in den verschiedensten Erscheinungsformen. Tee war ihr zu dünn.

»Ist hier noch frei, junge Frau?«

»Erklär's mir«, sagte zehn Minuten später Peter Falke und nahm den ersten tiefen Zug von seinem Weizen. Über den Rand des Glases schaute er Tara Wolf erwartungsvoll an, die ihm an dem kleinen Bistrotisch gegenübersaß. Sie hatte ihn um das Treffen gebeten, weil sie neue Erkenntnisse bezüglich des Ghostwriter-Falles mit ihm teilen wollte.

Peter genoss die Zeit mit Tara und ebenfalls den Blick auf das Haus Wippermann 13. Als Paläontologen interessierten ihn Versteinerungen aus ehemals organischem Material wesentlich mehr als menschengemachte Baukunst. Dennoch mochte er die geheimnisvolle Stimmung, die von den aus unterschiedlichen Epochen stammenden Gebäuden rund um den Marktplatz ausging. Einmal, als er gerade nach Lemgo zurückgezogen war, hatte er einen Nachtwächterrundgang 14, eine besondere historische Stadtführung durch den alten Stadtkern von Lemgo, mitgemacht. Peter gefiel die Art, wie Stadtführer und »Nachtwächter« Werner Kuloge liebevoll über die Gebäude sprach und mit seinem vollen Bariton alte Lieder anstimmte.

Tara erklärte ihm auf seine Frage hin nun ausführlich,

was sie über das Vorgehen von Ghostwritern selber herausgefunden hatte. Denn Informationen, die aus Gerichtsverhandlungen stammten, durfte sie offiziell natürlich nicht mit ihm teilen. »Es ist frustrierend einfach. Du schreibst eine Mail an einen Ghostwriter-Service wie den von Stefan Köcker. Gibst an, welches Thema sie bearbeiten sollen und ob es sich um eine Hausarbeit oder Bachelor-Thesis, oder was auch immer du brauchst, handeln soll, welchen Umfang sie haben soll et cetera. Dann kriegst du per Mail ein Angebot und Hinweise, wie ein erstes und anonymisiertes Telefongespräch abläuft.«

»Aha?«

»Ja, alle reden sich nur mit Vornamen an. Der Moderator, der Auftraggeber, der Ghostwriter.«

»Schöne kranke Wissenschaftswelt.«

Tara nickte. »Allerdings. Anschließend werden Termine für Teillieferungen der Texte und die Endabnahme vereinbart. Du leistest entsprechende Teilzahlungen und kriegst, wenn es sich um eine …«, Tara malte mit Zeige- und Mittelfinger beider Hände Anführungszeichen in die Luft, »›seriöse‹ Agentur handelt, am Ende tatsächlich eine Arbeit.«

»Feinster Betrug«, sagte Peter Falke düster. »Ich nehme an, du hast schon eine Idee.«

Tara schaute ihn verschmitzt an. »Jap. Jetzt essen wir erst mal schön, und nachher holen wir uns ein bisschen Unterstützung in Sachen IT-Kompetenz.«

Die Weite Welt in der Engelbert-Kaempfer-Straße **15** war für sie mehr als ein neuer Arbeitsplatz. Es war eine Chance. Ein Grund weiterzumachen. Weiterzuleben. Auch wenn sie lieber einen Job gehabt hätte, der weniger mit Menschen und Öffentlichkeit zu tun hatte. Aber einen Programmierjob konnte sie nach allem abhaken. Lou war froh, dass sie das hier hatte.

»Was kann ich euch bringen?« Hier in der Kneipe duzten sich alle, unabhängig vom Alter.

Das Pärchen, von dem sie die Bestellung aufnehmen wollte, wirkte auf Lou, als verstünden sich die beiden sehr gut, aber sie sahen irgendwie nicht aus wie ein Liebes- oder Ehepaar. Konnten Männer und Frauen einfach gute Freunde sein? Lou glaubte nicht daran.

»Zwei Guinness, bitte«, sagte der schwarz gekleidete Typ.

Die Frau mit der roten Wuschelmähne kam ihr bekannt vor. Eine sehr schöne Frau, das musste Lou neidlos anerkennen, wenngleich die grünen Augen müde wirkten, was nicht mit der Uhrzeit zusammenhing. Das sah Lou. Gesichter konnte sie sich gut merken, aber in diesem Moment, in diesem Kontext fiel ihr partout nicht ein, woher sie die Rothaarige kannte. Wahrscheinlich waren das einfach Stammgäste.

Kurze Zeit später servierte Lou die Biere. Sie stellte die Gläser auf die Bierdeckel und fragte, ob alles okay sei.

Die Rothaarige bedankte sich freundlich und fragte sanft: »Was macht man eigentlich beim Ethical Hacking?«

Lou starrte die Frau mit zusammengezogenen Augenbrauen und steiler Stirnfalte an. »Woher weißt du, was ich studiere?« In dem Moment machte es das erste Mal klick: Die erinnerte sie an Debra Messing, die amerikanische Schauspielerin. Dann klickte es zum zweiten Mal: Moment. Das hatte sie doch im Gerichtssaal auch gedacht, als sie die Richterin sah. Das war die Richterin.

»Du …« Lou atmete hektisch. »Sie sind Frau Dr. Wolf.«

»Wir brauchen deine Hilfe.«

»Danke. Sie haben mir mit dem Urteil schon genug geholfen.«

Tara nickte. »Ja, kann ich verstehen. Setz dich.«

»Ich hab zu tun.« Lou zeigte auf den Kneipenraum, aber bis auf drei Typen am Tresen war niemand mehr da.

»Ach so?« Tara Wolf lächelte sanft und drehte sich zum Tresen um. »Ingo, kannst du uns Lou mal kurz ausleihen?«

»Kein Problem«, rief Ingo Sombray von der Theke. Er war der gute Geist der Weiten Welt.

»Also?« fragte Lou störrisch. Und genervt. Gerade hatte sie angefangen, ihr Leben wieder auf die Reihe zu kriegen. Und nun tauchte diese Richterin ausgerechnet hier auf und alles kam wieder hoch.

»Setz dich bitte. Ich bin übrigens Peter Falke.«

Lou ignorierte seine ausgestreckte Hand und blieb stehen. »Wie Columbo, nur mit ›e‹?«

Peter zog seine Hand zurück, als wäre es das normalste der Welt, dass sie unhöflich gewesen war. Sein Gesicht behielt den freundlichen Ausdruck. »Genau so. Hätte nicht gedacht, dass jemand unter 30 Columbo kennt.«

»Kannste mal sehen. Ich kenn ihn jedenfalls. Der ist cool.«

»Alles klar.« Peter nickte langsam. »Sag mal. Bist du noch sauer auf Köcker?«

»Ob ich …? Sauer ist gar kein Ausdruck. Ich bin wütend. Und enttäuscht. Und …« Lou unterbrach sich. Fühlte sich ein wenig überrumpelt. Dann holte sie tief Luft und wandte sich Tara zu. »Aber nicht nur auf Köcker. Auch auf die Polizei und das Gericht. Also auf Sie. Ähm, dich.«

»Das kann ich dir nicht verübeln«, sagte Tara.

Lou verschränkte die Arme vor der Brust. »Hilft mir auch nicht weiter.«

Peter nickte erneut. »Vielleicht doch. Es gibt einen Weg, wie wir ihn kriegen können.«

»Legal?« Lou war klar, wie überflüssig und dumm ihre Frage war. Warum sollten die Richterin und ihr Freund sie abends kurz vor Zapfenstreich wohl aufsuchen?

»Wirkungsvoll!«

»Und dafür braucht ihr mich?«

»Ja, es geht nicht ohne dich.«

»Schon wieder ein Hack?«

»So etwas in der Art.«

Professor Stefan Köcker hatte es sich zu Hause in seinem Arbeitszimmer vor dem gewaltigen iMac-Monitor bequem gemacht. Ein großer Becher Kaffee stand neben der Tastatur, und Köcker war dabei, die Urlaubsbilder in den Fotoordner auf der Festplatte des Rechners zu überspielen. Gestern Abend war sein Flieger pünktlich in Hannover gelandet. Die zwei Wochen Urlaub waren herrlich und mehr als verdient gewesen, nach all dem Stress. Inselhopping auf den Seychellen hatte er immer schon machen wollen.

Die Fotos waren ihm gut gelungen. Er fotografierte grundsätzlich im RAW-Format, um bei der Bearbeitung später noch alle Möglichkeiten zu haben. Dann war zwar jedes Bild fast 20 Megabyte groß, aber wen störte das? Er liebte es, die Fotos später zu bearbeiten, um beeindruckende Bildbände zu erstellen.

Noch mehr aber liebte er große Zahlen. Wenn es ging, in Euro, aber gegen Schweizer Franken oder US-Dollar hatte er auch nichts einzuwenden. Risikostreuung war schon immer ein wichtiges Lebensprinzip gewesen. Während des Kopiervorgangs öffnete er den Browser, um auf seinen Konten die Zahlungseingänge zu überprüfen und sich an der Schönheit der Saldosummen zu ergötzen.

Als er das erste Konto geöffnet hatte, stutzte er. Blinzelte. Traute seinen Augen nicht. Was war hier los? Vor einer Woche war eine halbe Million an Ärzte ohne Grenzen überwiesen worden. Als Spende!

Von einem anderen Konto noch eine halbe Million an Aktion Deutschland Hilft.

Scheiße. Spenden an deutsche Organisationen, die ihm eine Spendenquittung ausstellen würden, und das über Geldbeträge, die von Offshore-Konten nach Deutschland geflossen waren. Was noch schlimmer war: Er wusste, dass deutsche Banken durch das Geldwäschegesetz verpflichtet waren, Transaktionen mit deutlich geringeren Beträgen als »seine« Spenden anzuzeigen, wenn die beteiligten Parteien keine nachweisbare Geschäftsbeziehung aufwiesen. Darum vereinbarte er mit seinen Kunden stets Ratenzahlung auf unterschiedliche Konten, damit sich die Überweisungsbeträge maximal im oberen dreistelligen Bereich bewegten.

Verflucht. Er hatte so aufgepasst. Und dann fuhr er einmal in den Urlaub, ohne ständig alles zu kontrollieren, und jetzt das.

Verdammt! Verdammt! Verdammt!

Es klingelte an der Tür. Stefan Köcker ignorierte es genervt. Er hatte jetzt Wichtigeres zu tun. Musste sich um sein verschwundenes Geld kümmern. Wenngleich »verschwunden« das falsche Wort war. Er wusste ja, wo es gelandet war. Wie konnte so etwas passieren? Niemand hatte Vollmacht über sein Konto. Warum war so viel Geld an die verschiedensten gemeinnützigen Vereinigungen gegangen?

Es klingelte erneut.

Wehe, das war jetzt nicht wichtig.

Er stand auf und blickte aus dem Fenster. Er kannte die Leute nicht, die vor dem Tor standen und zu ihm hochschauten. Sie sahen irgendwie amtlich aus.

Mist. Jetzt hatten sie ihn gesehen. Er drückte auf den Knopf der Gegensprechanlage. »Ja?«

»Mein Name ist Benedikt Rosenhäger, und dies hier ist meine Kollegin Sabine Dirks. Öffnen Sie bitte das Tor.«

»Ich habe keine Zeit«, versuchte Köcker es. Aber Rosenhägers bestimmter Ton gab Köcker das deutliche Gefühl, dass er die beiden nicht abwimmeln konnte.

»Doch haben Sie! Wir sind von der Steuerfahndung.«

Die Sonne schien von Süd-Westen. Er kam gerne hierher. Früher hatte es ihm noch besser gefallen, als rund um den Osterbekkanal noch nicht alles so snobistisch renoviert gewesen war. So war das mit den Veränderungen. Und Hamburg, seine Stadt, blieb davon nicht unberührt.

Aber er mochte die T.R.U.D.E. Mit dem gewaltigen Tunnelbohrer war die vierte Elbtunnelröhre hergestellt worden – *T*ief *R*unter *U*nter *D*ie *E*lbe –, und nun stand sie vor dem Museum der Arbeit herum. Wozu man ein solches Museum brauchte, wusste der Gärtner nicht. Was für ein bürgerlicher Scheiß! Die Leute waren echt bescheuert. Buckelten sich mit ihren bekloppten Jobs ab, warteten montags schon auf Freitag und bauten dann auch noch ein Museum dazu. Das sollte noch einer verstehen. Er fand, die T.R.U.D.E symbolisierte sein Tun und bestärkte ihn deshalb immer wieder weiterzumachen. Weil sie sich durch den Untergrund gebohrt hatte. So wie auch er oft im Untergrund grub. Wie Gärtner das nun einmal machten. Nicht immer nur kleine Zweige mit der Rosenschere abschneiden. Nein, hin und wieder brauchte es schweres Gerät, um den Boden so zu modellieren, dass eine neue Landschaft entstand.

Der Gärtner grinste und nahm einen tiefen Schluck aus seiner Astra-Flasche. Er benutzte eine Profi-Gartenschere von Gardena und hatte sich nach jedem erfolgreichen Einsatz gefragt, ob die wohl eine Rezension löschen würden, in der stand, dass damit auch problemlos Wurstfinger von ekligen Fettsäcken abzutrennen sind.

Sie waren sich ähnlich, die T.R.U.D.E. und der Gärtner. Wo sie gearbeitet hatten, war nichts mehr wie vorher. Er hatte schon viele überflüssige Triebe entfernt, wie es ein guter Gärtner eben tat. Manchmal allerdings musste man nacharbeiten. Nachschneiden. Falls ungewünscht etwas nachwuchs.

Und genau das passierte scheinbar in diesem komischen Kaff Lemgo. Sein Informant hatte ihm gesteckt, dass die Witwe anfing nachzufragen. Sogar Ermittlungsergebnisse erwartete.

Das passte dem Gärtner überhaupt nicht. Er würde sich das vielleicht noch eine kleine Weile anschauen. Nicht zu lange jedenfalls. Wenn die wilden Triebe erst zu lang waren, machte es zu viel Arbeit, sie zurückzustutzen. Früher oder später würde er eingreifen müssen. Besser früher.

Und so schlimm würde es für ihn gar nicht sein, in die Hügellandschaft Lippes zurückzufahren. Für einen Biker eine schöne Gegend. Sogar noch besser als die Harburger Berge, wie der Gärtner ungern zugeben musste.

Stefan Köcker lag auf dem Bett. Er hatte die Arme unter dem Kopf verschränkt und starrte in die Dunkelheit des Zimmers, das er nur verlassen konnte, wenn jemand von außen aufschloss. Immer und immer wieder zermarterte er sich das Hirn, um sich an die letzten Worte der schönen Richterin zu erinnern, kurz nachdem sie ihn freigesprochen hatte.

Er wurde das Gefühl nicht los, dass diese Worte mehr Gewicht besaßen, als er ihnen in der Situation zugemessen hatte. Dass die Richterin irgendetwas mit seiner erneuten Verhaftung zu tun hatte. Aber: Konnte das sein? Würde sie etwas tun, was sie nicht durfte? Köcker besaß genug kriminelle Energie, um es sich vorstellen zu können. Er hatte über seinen Verteidiger alle möglichen Leute darangesetzt. Sie hatten nichts gefunden. Dennoch musste es eine Spur geben.

Irgendwann würde er sie finden. Erst die Spur. Dann die Richterin.

Wollte man sich kurzfassen, würde man Staatsanwalt Dr. Henning Plöger wohl als groß, schlank, gutaussehend und perfekt gestylt beschreiben. Das Problem war, so fand Tara Wolf, dass er genau das auch wusste. Das machte ihn eitel. Und überheblich.

Also hässlich und dumm, dachte Tara.

Kam er auf eine Glastür zu, wurde er stets langsamer, wenn er ihr näherkam, um irgendetwas an seiner modischen Kurzhaarfrisur zu richten oder an der ohnehin perfekt geknoteten Krawatte herumzuzupfen, die er zu dem figurbetonten Maßanzug trug. Ging er an einem Fenster oder einer sonst wie spiegelnden Front vorbei, bewunderte er sich einfach nur selbst.

Tara fand das zum Kotzen. Es gab so viel wichtigere Dinge zu tun für einen Staatsanwalt. Vor allem müsste er seine Fälle viel, viel sorgfältiger bearbeiten.

Und nun stand er vor ihr auf dem Flur des Landgerichts und machte einen auf dicke Hose. Ohne zu grüßen, hatte er sie angesprochen. »Sie haben ja letztens diesen Köcker laufen lassen …«

Er wollte sie provozieren. Das war offensichtlich. Ich hab ihn nicht laufen lassen, du Arsch. Du hast grottig gearbeitet. »Guten Tag, Herr Dr. Plöger. Kann ich was für Sie tun?« Immer nett lächeln und winken.

»Jetzt hab ich ihn wegen Steuerhinterziehung drangekriegt. Hatte jede Menge Geld im Ausland.«

»Ach was!«

Plöger bekam fast keine Luft mehr, so sehr hatte er sich aufgeplustert. »Wasserdichte Geschichte.«

»Glückwunsch, Herr Staatsanwalt. Und: toller Reim.«

LEMGO

Die Alte Hansestadt Lemgo wurde um das Jahr 1190 von Edelherr Bernhard II. zur Lippe (1140–1224) gegründet, begünstigt von der geografischen Lage, die damals zwei Besonderheiten bot: Einerseits kreuzten sich hier zwei bedeutende Fernhandelswege – in Nord-Süd-Richtung von Bremen nach Frankfurt, in West-Ost-Richtung von Utrecht über Osnabrück nach Magdeburg. Andererseits bildete das Flüsschen Bega an dieser Stelle eine Furt – wie geschaffen für die Ansiedlung einer Stadt. Lemgo gehört auch heute noch zum Hansebund aus fast 200 Städten in 16 Ländern. Daran erinnert beispielsweise das jährliche Hansefrühstück, das ehrenamtlich organisiert an einem Samstag im Mai stattfindet, um den »Tag der internationalen Hanse« zu feiern.

Begonnen hat alles jedoch schon viel früher: Archäologisch konnte nachgewiesen werden, dass es bereits Ende des 8. Jahrhunderts, zur Zeit Karls des Großen (vermutlich 747–814), im Limgau (alter Landschaftsname) die Pfarrkirche St. Johann mit Friedhof vor dem späteren Johannistor gab **2**. Lemgo gilt mit seiner Vielzahl an hervorragend erhaltenen und restaurierten historischen Gebäuden städtebaulich als Juwel deutscher Renaissancebaukunst. Von den 400 eingetragenen Baudenkmälern befinden sich über 270 im Stadtkern.

Heute ist Lemgo eine quicklebendige Kleinstadt – eingebettet in eine zauberhaft grüne Hügellandschaft – mit florierenden Unternehmen aus Handel und Industrie, abwechslungsreicher Gastronomie im historischen Stadtkern, einer aktiven Handball-Szene rund um die Lipperlandhalle sowie vielen kulturellen und gesellschaftlichen Highlights.

Ergänzende Infos zur Stadt sowie zu Führungen, Veranstaltungen und weiteren touristischen Angeboten:

Tourist Information Lemgo
Kramerstraße 1
32657 Lemgo
Telefon: 05261 98870
Mail: info@lemgo-marketing.de
www.lemgo.de

1 St.-Marien-Kirche

Über 100 Jahre dauerte der Bau der gotischen St.-Marien-Kirche (Stiftstraße 3), die nach Gründung des Dominikanerinnenklosters auf ihrer Westseite zur Klosterkirche wurde.
Bemerkenswert sind verschiedene figürliche Reliefdarstellungen im Innenraum der hochgotischen Hallenkirche sowie die sogenannte Schwalbennestorgel. Dabei handelt es sich um eine mit Schnitzereien reich verzierte Renaissance-Orgel, deren Bau auf die Jahre 1587–1595 datiert wird und die als die einzige Orgel dieser Art in Deutschland gilt (zuletzt restauriert 2010). Die heutigen Proportionen erhielt sie um 1613. Neben großartigen Orgelkonzerten trägt auch die Marien-Kantorei mit besonderen Aufführungen zur Abwechslung im Kirchenmusikkalender von Lemgo bei.
Von der Klosteranlage ist lediglich das frühere Kornhaus (Stiftstraße 27) noch erhalten. Das Haus Donat (Heustraße 11) diente ehemals als Küster- und Pfarrhaus.
Die Kirche St. Marien ist die Hauptkirche der sogenannten Neustadt, dem südlichen Stadtteil innerhalb der Außenwallanlagen 98, 99 Lemgos.

2 Stumpfer Turm

Der Stumpfe Turm (Ecke Herforder Straße/Steinweg) ist der freistehende Glockenturm der ehemals einzigen Pfarrkirche St. Johann im frühmittelalterli-

chen Limgau. Zur Zeit Karls des Großen (vermutlich 747–814) hat an dieser Stelle die Taufkirche St. Johann Baptist extra muros gestanden, vermutlich zunächst aus Holz. Sie wurde später abgerissen und durch eine Steinkirche ersetzt, von der nach dem Dreißigjährigen Krieg lediglich der trutzige Turm übrig geblieben ist. Er ist umgeben von einem alten Friedhof, auf dem 2008 bei Grabungen eine Sensation gelang: Ein Grab konnte mithilfe der Radiokarbon-Methode auf das Jahr 780 nach Christus datiert werden.
Im Turm hängt eine besondere Bronze-Oktavglocke aus dem Jahr 1398.
Heute befindet sich das Gemeindezentrum der reformierten St.-Johann-Kirche innerhalb des ehemaligen Stadtmauerrings in der 1463 errichteten Franziskanerkirche (Hinter dem Kloster 1).

3 St.-Nicolai-Kirche

Zum Zeitpunkt der Stadtgründung um das Jahr 1190 diente die alte Pfarrkirche St. Johann als Hauptkirche. Allerdings befand sie sich außerhalb der Stadtmauern, sodass man eine neue Haupt- und Pfarrkirche innerhalb der Wall- und Festungsanlagen 98 benötigte. Daher wurde St. Nicolai (Kirchplatz) zunächst Filialkirche von St. Johann im ehemaligen Altstadtbereich im Norden des Innenstadtrings und später Hauptkirche. Der heilige Nicolai gilt als Schutzpatron der Seefahrer und Kaufleute, sodass die Namensgebung auf die Bedeutung des Handels für Lemgo verweist.
Unsicher ist der Zeitpunkt des Baubeginns. Er liegt aktuellen Forschungsergebnissen zufolge deutlich vor dem Jahr 1185. Geplant war wohl der Bau eines

einzelnen Turmes, der aufgrund statischer Probleme jedoch nie fertiggestellt und wieder abgetragen wurde. Um 1250 entschloss man sich zum Bau eines Nord- und eines Südturmes – der sogenannten ungleichen Brüder. Der Nordturm mit der »Welschen Haube« (glockenförmig mehrfach gestuft) ist bis heute Eigentum der Stadt, beheimatet ein Glockenspiel und kann bei einer Führung besichtigt werden (Infos bei Lemgo Marketing, Kramerstraße 1). Der Südturm ist Eigentum der Kirche und wurde 1660 bei einem Tornado zerstört. 1663 bekam der Turm dann eine spitze, gedrehte Haube, die sich als weniger windanfällig bewährt hat.
St. Nicolai ist eine Hallenkirche, die den Übergang von der Romanik zur Gotik deutlich präsentiert. Das reichverzierte spätromanische Brautportal befindet sich als »Nebeneingang« auf der Nordseite. Der Innenraum der lutherischen Kirche zeigt schwerpunktmäßig gestalterische Elemente aus dem 16. Jahrhundert, insbesondere das Taufbecken von 1597 sowie diverse Inschriften (Epitaphen).

4 **Marktplatz mit historischem Rathaus**

Ohne Frage ist der Marktplatz Lemgos mit Rathaus und den ungleichen Türmen der Nicolai-Kirche das Schmuckkästchen der Stadt. Der Postkartenblick eröffnet sich von der Nord-West-Seite des Platzes.
Das Bild auf der Ostseite des Marktplatzes bestimmt das Rathaus, das in unterschiedlichen Bauabschnitten entstanden ist. Der östliche Teil des Rathauses – das Langhaus – wendet sich der Nicolai-Kirche zu und stammt aus der Mitte des 13. Jahrhunderts. Später

folgten auf der Marktseite (von Nord nach Süd) das sogenannte Neue Haus oder »Niggehuis« (1522) mit dem spektakulären Apothekenerker (1612), die alte Ratskammer (um 1480) mit Stufengiebel, das Winteppenhaus (1589) und der Neue Ratsstubenbau (um 1590).

Sowohl bei der Rathauslaube (unten Laube, oben Ratsherrenstube) auf der Nordseite des alten Langhauses als auch beim Apothekenerker handelt es sich um Utluchten (Standerker) mit Schweifwerkgiebeln und Relieffriesen an den Brüstungen im unteren Teil des ersten Stockwerks. Das Fries der Ratslaube zeigt die sieben Künste (Grammatik, Dialektik/Logik, Rhetorik, Musik, Arithmetik, Geometrie und Astronomie), und auf dem Apothekenerker sind die zehn Weisen (Dioscorides, Aristoteles, Rhazes, Galen, Hippocrates, Hermes, Lullius, Geber, Vesalius und Paracelsus) abgebildet.

Das Ballhaus, eines der ältesten Gebäude Lemgos, befindet sich auf der Südseite des Platzes. Mit der roten Fassade und der Freitreppe sticht es sofort ins Auge. Mitte des 13. Jahrhunderts wurde der Saalgeschossbau vermutlich als Gildehaus der Kaufleute errichtet. Links daneben befindet sich das Zeughaus. Vor dem Ballhaus wird im Sommer eine große Bühne für den »Lemgoer Sommertreff« aufgebaut, der nachmittags Aktionen für Kinder und abends eine breite Vielfalt an künstlerischen Darbietungen von Varieté bis Konzert im Programm hat. Live, Open Air und sehr abwechslungsreich – eine tolle Atmosphäre im Steinernen Saal, wie der Marktplatz auch genannt wird.

5 **Oldtimermuseum »D. kleine Lemgoer«**

Die Privatsammlung (Industrieweg 4/Lemgo-Hörstmar) von rund 40 klassischen, fahrbereiten Sportwagen gehört einem Lemgoer Zahnarzt, der den Schwerpunkt auf die Marken Porsche und Mercedes legt. Auch besondere Rennwagen sind zu den sonntäglichen Öffnungszeiten zu sehen. Nicht nur für Fans des Porsche 356 oder Mercedes 300 SL zu empfehlen.

6 **Lemgoer Stadtwald, Försterteiche und Staff-Landschaftspark**

Der Lemgoer Stadtwald, auch Lemgoer Mark genannt, liegt im Norden/Nord-Osten der Stadt. Der tiefste Punkt der Innenstadt liegt bei 83 Metern über dem Meeresspiegel; in der Mark können Sie durch einen schönen Mischwald zum Windelstein auf 347 Meter aufsteigen. Verschiedene Rundwanderwege bieten abwechslungsreiche Profile und Ausblicke.

Besonders reizvoll ist im westlichen Teil des Stadtwaldes ein Gang um die Försterteiche, in deren Nähe sich Wildgehege mit Rot- und Schwarzwild sowie das Feuchtbiotop am Radsiekbach befinden. Toll geeignet für kleine Ausflüge mit Kindern.

Vom Landschafts- und Naturpark der STAFF-Stiftung aus hat man einen wunderbaren Blick über die Dächer von Lemgo bis zur gegenüberliegenden Bergkette des Teutoburger Waldes. Der Park grenzt im Süd-Westen an den Lemgoer Stadtwald und ist über die Straßen Waterfohr oder Langenfelder Weg zu erreichen. Informationen zum vielfältigen Engagement der STAFF-Stiftung sowie der Entstehung und Konzeption des Parks gibt es unter www.staff-stiftung.de.

Folgende Parkplätze bieten sich als Einstiegspunkte für Waldwanderungen oder Spaziergänge an: Parkplatz an den Försterteichen – erreichbar über Langenfelder Weg/Heitkämpen; Parkplatz am Aussichtsturm – dem Verlauf des Langenfelder Weges bis zum Ende folgen; Parkplatz am Wildschweingehege – dem Lüerdisser Weg von Lemgo kommend folgen, den Abzweig der Erlenstraße abwarten und dann in den nächsten Waldweg einfahren; Parkplatz am Waldfriedhof Lüningheide – den Weißen Weg (dort befindet sich auch Tara Wolfs fiktive Adresse) bis zum Ende fahren.

7 Lemgoer Strohsemmel und Strohsemmelfest

Bei der Lemgoer Strohsemmel handelt es sich um ein Hefebrötchen, das auf besondere Art hergestellt wird. Verschiedene Geschichten aus dem 19. Jahrhundert ranken sich um die Entstehung. Das Brötchen wird nach einem Rezept gebacken, das nie verschriftlicht wurde. So kommt es, dass jede Bäckerei eine eigene Strohsemmelvariante anbietet. Jeder kann also seine Lieblingssorte suchen und finden. Das Grundrezept ist nicht besonders kompliziert. Es geht vielmehr um die spezielle Herstellungsart: Erstens wird der Hefeteig vor dem Backen gebrüht, was der Haltbarkeit dient und daher schon im 18. Jahrhundert sehr beliebt war. Zweitens werden die Brötchen auf Stroh abgebacken, was vermutlich den Sinn hatte, dass der Hefeteig nicht auf dem heißen Ofenstein festbackte oder gar verbrannte.
Sie können die Strohsemmeln wie Tara Wolf mit süßen Aufstrichen wie Honig, Marmelade oder Sirup genie-

ßen oder mit deftigen Belägen wie der Lippischen Leberwurst oder Schinken.
Jeweils am letzten Juniwochenende wird in Lemgo das Strohsemmelfest gefeiert. Auf dem Marktplatz gibt es Aktionen und Musik, gleichzeitig findet im Abteigarten und auf der Breiten Straße ein Kunst- und Handwerkermarkt statt.
Probieren Sie die Strohsemmel einfach von verschiedenen Bäckern und finden Sie Ihre Lieblingssemmel. Bei der Vollwert-Bäckerei Naturkraft auf dem Wochenmarkt gibt es eine Vollkorn-Variante. Bei der Bäckerei Meffert kann die Strohsemmel bequem durchs Autofenster gekauft werden – Mefferts betreiben in Lemgo-Brake einen Drive-in – immer noch eine Seltenheit in Deutschland.

8 **Eau Le und Campingplatz**
Das Freizeitbad Eau Le (Pagenhelle 14, besonders toll für Krimifans: direkt gegenüber der Polizeiwache) bietet neben einem 25-Meter-Innen- und einem 33-Meter-Außenbecken unter anderem ein Erlebnisaußenbecken mit Strömungskanal und Wasserrutsche sowie ein Nichtschwimmerbecken. Zudem kann man aus einem reichhaltigen Aquasport-Angebot wählen, und im Saunaland wird mit zahlreichen Wellness- und Massage-Angeboten Entspannung großgeschrieben.
Über den Parkplatz am Eau Le oder einen Zugang von der Pagenhelle kommt man zum Lemgoer Skater-Park.
Auf der Rückseite des Schwimmbades befindet sich der Campingplatz (Regenstorstraße 10).

9 **Biesterberg und Landwehrweg**

Das Flüsschen Bega durchfließt Lemgo in ost-westlicher Richtung, und so liegt die Stadt in einem sanften Tal. Nach Norden steigt der Stadtwald an, und im Süden liegt der Biesterberg. Von der Ecke Oberer Pahnsiek und Wahmbecker Pfad aus können Sie zunächst zwischen den Feldern und anschließend durch den kleinen Wald bergan spazieren. Oben angekommen erscheint die große freie Wiese wie eine andere Welt – manchmal weiden hier Schafe, man trifft viele Spaziergänger mit und ohne Hund, und an schönen Tagen lassen Modellbauer ihre Flugzeuge durch die Luft surren. Es gibt zahlreiche Möglichkeiten, von hier aus kürzere Spaziergänge oder längere Wanderungen zu starten. Gehen Sie über das freie Feld in nord-östlicher Richtung wieder bergab, eröffnet sich ein wunderschöner Blick über die Sternwarte der Hochschule und die Türme- und Dächerwelt Lemgos bis auf die nördliche Waldseite.

Der Landwehrweg ist ein zirka 33 Kilometer langer Rundwanderweg um Lemgo, der mit einem »L« gekennzeichnet ist. Es gibt verschiedene Einstiege, doch nicht überall ist das »L« gut sichtbar angebracht. Deshalb bietet sich die Wanderung als GPS-Tour an. Befinden Sie sich schon auf dem Biesterberg, so gehen Sie bis an die süd-östliche Ecke des Feldes und von dort aus die Straße Schlippenheide weiter nach Süden und folgen der Ausschilderung oder den GPS-Koordinaten. Der Landwehrweg eignet sich ebenfalls als Geo-Caching-Tour – in diesem Fall empfiehlt sich der Einstieg über den Parkplatz »Spiegelberg«.

10 Junkerhaus

Allerlei Mythen und Geschichten ranken sich um das faszinierende Junkerhaus an der Hamelner Straße 36. War der Erbauer schizophren? Oder unglücklich verliebt? Fakt ist, dass der Maler und Bildhauer Karl Junker (1850–1912) ein einzigartiges Bauwerk hinterlassen hat, das mit seinem Äußeren und seinem Inventar ein Gesamtkunstwerk darstellt. Es handelt sich um ein zweistöckiges Fachwerkhaus, das innen und außen vollständig mit Schnitzereien verziert ist. Zu dem künstlerischen Nachlass Junkers gehören Bilder und Skulpturen genauso wie Architekturmodelle und Möbel, welche teilweise im neuen Museumsgebäude hinter dem Junkerhaus zu besichtigen sind. Besonders reizvoll sind die im Herbst und Winter vom Museum angebotenen Taschenlampenführungen für Familien.

11 Kanzlerbrunnen am Ostertor

Der Kanzlerbrunnen mit fünf beweglichen Bronzefiguren steht am östlichen Ende der Mittelstraße, an dem sich früher das nach der Himmelsrichtung benannte, heute nicht mehr existierende Ostertor in der Stadtmauer befand.

Der Brunnen erzählt die Geschichte vom »Streit um die Tonne«. Anfang des 17. Jahrhunderts wollte Graf Simon VI. zur Lippe (1554–1613) wie überall in Lippe auch in Lemgo den reformierten Glauben einführen. Die sturen Lemgoer wollten aber nichts ändern und wie bisher lutherisch bleiben. Der Streit wurde vordergründig durch eine Tranksteuer ausgelöst, die der Graf eingeführt hatte. Simon VI. wurde dabei durch seinen Kanzler Dr. Balthasar Knaust (vermutlich 1565–1624) auf Schloss Brake **105** vertreten. Die Lemgoer kauften sich von der Steuer frei und führten ihrerseits die sogenannte Akzise auf »ausländisches« Bier ein. Als Kanzler Knaust eines Tages das Stadttor passieren wollte, weigerte er sich, diese Steuer auf ein Fass Bier zu bezahlen. Es gab einen hitzigen Streit zwischen dem Grafen und der Stadt um die Steuer, aber tatsächlich ging es um die Frage: reformiert oder lutherisch?

Der Glaubensstreit sollte eine Reihe von negativen Auswirkungen mit sich bringen: Die Verhandlungen scheiterten, sodass Lemgo zwar lutherisch blieb, der Graf infolgedessen aber Residenz und Gerichtsbarkeit nach Detmold verlegte.

Bei der prächtig gekleideten Brunnenfigur mit dem dicken Bauch handelt es sich um den Kanzler. Wasser und die beweglichen Gelenke der drehbaren Figuren laden große und kleine Kinder zum kreativen Verweilen ein.

12 Mittelstraße mit reichverzierten historischen Gebäuden

Die Mittelstraße war die Hauptverkehrsachse der Alten Hansestadt in Ost-West-Richtung und somit die »Hauptstraße« der Altstadt, dem nördlichen Teil der Innenstadt. Begrenzt wurde die Mittelstraße von den beiden Stadttoren Ostertor im Osten und Johannistor im Westen **98**, die jedoch leider nicht mehr existieren.

Heute lädt die Mittelstraße als durchgängig gestaltete Fußgängerzone mit wunderbar restaurierten Fach-

werk- und Steingiebelfronten und modernem Einzelhandel zum Bummeln und Entdecken ein.
Hier eine kleine Auswahl an beachtenswerten Gebäuden: Nrn. 13 und 17, Torhaus (Nr. 24), Haus Sonnenuhr (Nr. 26), Nr. 27, Planetenhaus (Nr. 36), Nrn. 64 und 76, Brutlachthaus (Nr. 85), Blombergscher Hof (Nr. 114), Wulffenhof (Nr. 128).
Das vermutlich älteste Privathaus Lemgos befindet sich auf der Nordseite des Markplatzes: Mittelstraße 56. An der Fassade findet sich zwar der Hinweis auf das Jahr 1556 – vom Hinterhof aus sind aber spätromanische Fenstergewände zu sehen, sodass die Bauzeit auf das Jahr 1230 datiert wird. Sie gelangen in den Hof durch den Gang zwischen den Hausnummern 50 (Tchibo) und 52 (Brillen Hausmann) und können sich so anhand der Rückgiebel der Häuser Mittelstraße 52, 54, 56 und 58 gut ein Bild vom mittelalterlichen Lemgo machen.

13 Haus Wippermann und weitere erwähnenswerte Gebäude

Das Haus Wippermann (Kramerstraße 5) wurde um 1576 im spätgotischen Stil errichtet und weist durch den Kran im Speichergeschoss auf die Bedeutung des Handels in der Familie Wippermann hin.
Der ehemalige Adelshof des Franz von Kerßenbrock (Papenstraße 24) beherbergt heute das Hotel Stadtpalais.
Die Häuser in der Echternstraße 92 und Papenstraße 32–34 weisen dekorative Giebelfronten auf.

14 **Nachtwächterrundgang**

Es gibt zahlreiche Möglichkeiten, sich die Stadt unter kundiger Führung mit verschiedenen Themenschwerpunkten anzuschauen. Etwas Besonderes können Sie beim Nachtwächterrundgang mit Werner Kuloge (www.lemgotour.de) erleben, der in Originaltracht mit Hellebarde und Laterne den Blick auf Besonderheiten der Historie lenkt. Mit seinem klaren Bariton erweckt er außerdem alte Lieder der Nachtwächter zum Leben. Als weiteres Highlight bietet er Stadtführungen im Lemgo-Mobil an, einer Fahrradrikscha, in der Sie gemütlich die Sehenswürdigkeiten der Alten Hansestadt erleben können.

15 **Engelbert Kaempfer**

Der Arzt, Naturforscher und Weltreisende Engelbert Kaempfer (1651 – 1716) wurde in Lemgo geboren und ist auch hier gestorben. Bevor er Leibarzt der lippischen Grafenfamilie wurde, führten ihn seine Forschungen über Russland, Persien, Siam und Java nach Japan. Er verfasste bedeutende Werke über Japan, die das europäische Bild des asiatischen Landes bis ins späte 19. Jahrhundert prägten.

Sein Geburtshaus liegt am Ende des Kirchplatzes der St.-Nicolai-Kirche **3** in der Papenstraße 17; leider ist nur noch der Westgiebel original. Der Nachlass befindet sich in der British Library in London – mit Ausnahme einiger ausgewählter Werke im Hexenbürgermeisterhaus von Lemgo.

Das nach dem Forscher benannte Engelbert-Kaempfer-Gymnasium ist im klassizistisch geprägten Barockschloss im Rampendal 63 untergebracht.

Am südlichen Wallabschnitt der Engelbert-Kaempfer-Straße befindet sich das Engelbert-Kaempfer-Denkmal. Tara Wolfs und Peter Falkes Stammkneipe, die Weite Welt, liegt an der Engelbert-Kaempfer-Straße 9. Neben über 50 nationalen und internationalen Flaschenbieren werden aus sechs (!) Zapfhähnen verschiedene Biere vom Fass angeboten. Außerdem wird Hochprozentiges der Lemgoer Spirituosen-Destillerie Schöttker ausgeschenkt, zum Beispiel der Kräuterlikör Lippischer Hexentrunk.

Weitere Tipps zu Lemgo finden Sie in Kapitel 10 »Wolfsnebel«.

WOLFSLIED

»Die Garotte«, sagte er mit lauter Stimme in den Todeskampf des anderen hinein, »ist der Ursprung aller Tragödie. Die Garotte erzeugt Furcht, die Tragödie lediglich Mitleid. Beide zusammen, indem das eine das andere auslöst, gebären die Reinigung als höchste Form des Seelenfriedens. Oder, was meinst du, lieber Aristoteles? Ist Furcht nicht Schwachheit, weil sie selbstbezogen ist?« Die Füße des anderen hatten aufgehört, auf den Brettern, die einst für ihn die Welt bedeuteten, wild um sich zu treten und Halt zu suchen. Das Röcheln war erstorben. »Aber das Blut! Das Blut ist Reinheit, und hier endet aller Egoismus. Willkommen im Jenseits!«

Es war geschafft. Wie viele Vorhänge würde er dafür bekommen? Und es war perfekt. Denn rot war der Vorhang, der sich im Landestheater Detmold 16 von beiden Seiten der Bühne in der Mitte schloss. Rot wie das Blut, das bereits eine Lache bildete.

Zufrieden betrachtete er sein Werk. Fünf lange Jahre hatte er auf diesen Moment der Rache gewartet. *Für dich, Marie. Das ist nur für dich!* Seine Oberarme brannten ein wenig von der Anstrengung. Dann holte er zwei Saiten aus der Tasche, rollte sie auseinander, zog eine genüsslich durch den klaffenden Riss im Hals des anderen und warf sie scheinbar achtlos in den Orchestergraben. Für die zweite Saite hatte er einen anderen Plan.

Mit federnden Schritten ging er ab.

Tara Wolf konnte nicht schlafen. Hellwach starrte sie in die Dunkelheit.

In ihrem WG-Zimmer, das sie zu Studienzeiten in einem Münchener Altbau bewohnt hatte, war es nie richtig dunkel gewesen. Flurlicht, das sich zwischen Türrahmen und der verzogenen Tür hindurchstahl, wenn ein Mitbewohner noch Kommilitonen verabschiedete oder aufs Klo musste, die Straßenlaterne, die einen stetigen Lichtstrom in ihr Zimmer sandte, die vorüberhuschenden Autoscheinwerfer, die kurzzeitig die Nacht erhellten. Die dünnen Gardinen hatten das von außen in ihr Zimmer dringende Licht nur weicher gemacht.

Aber hier, in ihrem Haus am Waldrand, gab es keinen großstädtischen Lichtsmog, und außerdem konnte sie mit den Jalousien beliebige Dunkelheitszustände regeln.

Der Fall aus der Nachmittagsverhandlung ließ ihr keine Ruhe. Tara hatte nur kurz in ihrem Büro gesessen, war dann aber vom Gerichtskomplex in der Paulinenstraße in Detmold direkt hinüber zum Lippischen Landesmuseum 17 gegangen. Zum Glück hatte Peter Falke Zeit für sie gehabt. Wenn Tara es sich genau überlegte, hatte er immer Zeit für sie. War für sie da. Brachte jede Menge Geduld und Verständnis für sie auf. Also genau der Typ Mann, für den es ungewöhnlich war, dass er in keiner Beziehung lebte. Nun gut, ein wenig kauzig war er schon mit seinem Faible für Westernreiten und Johnny Cash. Eine Bar aus rohen Eichenbrettern dominierte sein rustikales Wohnzimmer, das durch eine schwingende Saloon-Tür von der Küche getrennt war. Auf die stabilen Barhocker hatte er alte Reitsättel montiert.

Sie hatte mit Peter sprechen, ihre Gedanken an seinem wachen Geist spiegeln müssen, um sicherzugehen, dass sie nicht vollständig neben der Spur war. Selbstverständlich wusste sie, dass sie einen Fall niemals mit einem Außenstehenden besprechen durfte, aber alle Grenzen und Prioritäten in ihrem Leben hatten sich seit Angus' Tod verschoben. Und mit dem Fall »Köcker« hatte sie ein völlig neues Kapitel in ihrem Leben aufgeschlagen.

Tara Wolf hatte verstanden, dass es kein Richtig oder Falsch und kein Schwarz oder Weiß gab. Nicht mehr. Vermutlich war das auch vor Angus' Tod nicht anders gewesen. Sie hatte es nur bisher nicht so gesehen.

Der Fall schien klar: Konzertmeister und Erster Violinist des Theater-Orchesters Dominik Neubarth war stranguliert auf der großen Bühne des Landestheaters aufgefunden worden. Im Orchestergraben wurde die blutverschmierte E-Saite einer Violine gefunden, die forensisch Sebastian Weber zugeordnet werden konnte, der zudem für die vermutete Tatzeit kein Alibi vorzuweisen hatte. Damit galt der Violinist als Hauptverdächtiger in diesem Fall, vor allem für Staatsanwalt Dr. Henning Plöger.

»Und es passt ja auch alles.« Tara hatte den Fall für Peter zusammengefasst: »Es handelt sich definitiv um eine gebrauchte Violinsaite von Sebastian Weber. Die höchste der vier Saiten besteht aus Edelstahl, was auch mit der Strangulationswunde an Neubarths Hals übereinstimmt. Gelegenheit zu einem entsprechenden Zusammentreffen gibt es unter den Musikern sicherlich ebenfalls zuhauf. Zudem ist das Motiv mehr als nachvollziehbar: Dominik Neubarth galt als charismatisch und hat wohl weder im Orchester noch bei den Partnerinnen von Mitmusikern etwas anbrennen lassen. Es bestreitet auch niemand, dass es eine heftige, wenn auch kurze Affäre mit Sebastian Webers Frau Amelie gab. Die will sich nun von Weber scheiden lassen.«

»Aber?«, hatte Peter nur gefragt.

»Irgendetwas stimmt nicht. Weber wirkt sehr fein auf mich. Auf altmodische Art anständig. Er hat mich die ganze Zeit verzweifelt angeschaut. Andere Mandanten, mit weniger Respekt vor dem Gericht, hätten wahrscheinlich etwas gesagt oder mich angeschrien.«

»Das machen Leute?«

»Ja, das kommt öfter vor, als man meint. Aber er nicht. Er hat nur traurig und flehend geschaut.«

Daraufhin hatte Peter sie lange angesehen und anschließend genickt. »Sprich mit Florian.«

»Meinst du?«

»Aber erst morgen. Lass es noch etwas sacken.«

Peters Worte vom Vortag hallten in ihr nach. Sie setzte sich im Bett auf. Sollte sie heute mit Florian sprechen? Peter hatte wahrscheinlich recht. Es ging nicht anders. Wenn sie etwas ändern wollte, musste sie mit dem Kommissar reden, der in diesem Fall ermittelt hatte. Und das war Florian Dreier, der lange Zeit mit Angus Buchanan zusammengearbeitet hatte.

Damit würde sie wieder eine Grenze überschreiten.

Tara konnte nicht länger im Bett bleiben. So, wie es aussah, würde sie heute schon vor sechs im Gericht sein.

Er war selbst erstaunt, wie wenig Zufriedenheit ihm die Rache gebracht hatte. Es ärgerte ihn nahezu. Der Wunsch nach Reinigung war nicht in Erfüllung gegangen.

Wie oft hatte er nachmittags allein in der Erlöserkirche am Markt **18** gesessen, um Frieden zu finden. Der Blick aus der vordersten Kirchenbank in den schlichten Altarraum, der durch das gotische Fenster mit Licht erfüllt wurde, brachten seine rasenden Gedanken tatsächlich hin und wieder zur Ruhe. Hier fühlte er sich gut. Die Christuskirche 19 auf dem Kaiser-Wilhelm-Platz, so hatte er festgestellt, war für seine Einkehr nicht geeignet. Sie war zu gewaltig. Zu beeindruckend. Dort fühlte er sich klein und unbedeutend, was seine Aggression nur verstärkte. Vielleicht lag es auch daran, dass der Kaiser-Wilhelm-Platz direkt an das Justizviertel mit Amts- und Landgericht grenzte, um das sich viele Rechtsanwaltskanzleien scharten.

Der Akt des Tötens. Ja. Der hatte ihm auf gewisse Weise gefallen. Die Macht über Leben und Tod zu haben. Er hatte es vorher einige Male an streunenden Katzen oder Hunden ausprobiert.

Einem Menschen das Leben zu nehmen, das war jedoch etwas völlig anderes. Adrenalin ohne Ende. Das hatte er noch nicht einmal als Solist auf großen Bühnen erlebt. Auch damals nicht, bei seiner Tour durch Japan.

Als er zurückkam, war nichts mehr wie vorher. Wie oft hatte er seitdem sein Stipendium verflucht!

Marie war tot. Was er erst erfahren hatte, nachdem er aus dem Flugzeug gestiegen war und sie ihn nicht im Terminal erwartet hatte.

Das Schwein Neubarth hatte sein Leben zerstört.

Und als er endlich die Stelle in Detmold bekam, hatte Neubarth ihn noch nicht einmal erkannt.

»Hör mal. Das ist jetzt aber ein höchst inoffizielles Gespräch.« Kriminalhauptkommissar Florian Dreier schaute Tara Wolf unglücklich an.

Sie hatte Florian um ein Gespräch in ihrer Mittagspause gebeten und als Treffpunkt die Dönerbude in der Bruchstraße vorgeschlagen. Manchmal schwamm Tara mittags schnell ein paar Bahnen im Aqualip 20 oder lief den Wanderweg um das LWL-Freilichtmuseum Detmold 21. Vor allem im Winter, wenn sie erst nach Einbruch der Dunkelheit nach Hause kam und nicht mehr im Wald joggen konnte. Aber nicht heute. Heute musste sie unbedingt mit Florian sprechen.

Der behauptete, sein Butterbrot schon gegessen und daher keinen Hunger zu haben. Tara hatte sich einen Lahmacun geholt, knabberte jetzt aber nur zaghaft daran herum. Mit vollem Mund sprach es sich schlecht. Schwäne und Enten zogen über den idyllischen Schlossteich, der das Fürstliche Residenzschloss 22 an drei Seiten umgab. Das Schloss lag am nord-westlichen Rand der historischen Altstadt 23 Detmolds. Doch dafür hatten Tara und Florian heute keinen Blick. Sie gingen nun einfach wie gute Freunde in die entgegengesetzte Richtung den ehemaligen Friedrichstaler Kanal 24 entlang.

Wie gute Freunde. Waren sie gute Freunde? Vor allem, wie lange noch? Dreier hatte mit Angus in Detmold zusammengearbeitet. Im selben Kommissariat. In einer amerikanischen Krimiserie hätte man sie Partner genannt. Tara war es nicht müde geworden, ihn um Informationen zum Ermittlungsstand zu bitten. Leider kamen diese, wenn überhaupt, dann nur in kleinen Häppchen. Tara hasste das. Sie war ungeduldig. Früher war er oft auf einen Absacker nach Dienstschluss bei ihnen gewesen. Aber seit Angus tot war, hatten sie immer nur kurz geredet. Vielleicht wusste er auch einfach nicht, was er zu Tara sagen sollte und scheute schlicht den Umgang mit einer trauernden Witwe. Was wusste sie schon über Männerfreundschaften? Oder er wollte es umgehen, von Tara ständig über neue Erkenntnisse im Fall Angus ausgefragt zu werden und dadurch jedes Gespräch zwischen ihnen zu einer inoffiziellen Angelegenheit zu machen.

Also nickte Tara, während sie einen Bissen hinunterschluckte und hoffte, dass sie nichts zwischen den Zähnen hatte. Sie bemühte sich, verständnisvoll zu sein, schließlich wollte sie etwas von ihm.

»Natürlich ist es ein vertrauliches Gespräch. Du meinst also, noch inoffizieller als sonst?« Das war jetzt leider schnippischer gekommen als gewollt. Man würde sehen, wie weit Florian um der alten Freundschaft willen gehen würde, wenn sich Taras Fragen ausnahmsweise einmal nicht um den Ermittlungsstand zu Angus' Tod drehten. Zumindest nicht ausschließlich.

Tara konnte sich nicht an das Wort »Witwe« gewöhnen. Zu wenig Zeit hatte sie als Ehefrau von Angus Buchanan verbracht, um überhaupt den Wechsel von »mein Freund« zu »mein Mann« zu realisieren. Standesamtlich hatten sie ja schon eine Woche vor der kirchlichen Trauung geheiratet. Ein strahlendes Fest an einem strahlenden Tag hatte es werden sollen – doch es wurde beendet, bevor es überhaupt richtig begonnen hatte. So viel Blut. So viele Tränen.

»Wenn du der Auffassung bist, Sebastian Weber ist unschuldig, dann sprich ihn doch frei.« Tara hörte den Vorwurf, der in Florians Antwort mitschwang. Er war für die Ermittlungen zuständig gewesen. Der erste Verhandlungstag war ganz im Sinne der Staatsanwaltschaft verlaufen.

»Du weißt genau, dass ich das bei der Indizienlage, die Plöger präsentiert hat, nicht tun kann.« Im Zentrum der von Staatsanwalt Henning Plögers vorgetragenen Argumentation stand Webers DNA und Neubarths Blut, die an der Violinsaite nachgewiesen worden waren. Und laut neuesten Informationen war Webers Frau Amelie mittlerweile aus der gemeinsamen Wohnung in der Bülowstraße am Hiddeser Berg 25 ausgezogen. Aber würde die Verteidigung die richtigen Fragen stellen?

»Versteh mich bitte nicht falsch. Ihr habt saubere Arbeit geleistet«, fuhr Tara fort.

»Aber? Was ist dann der Punkt?«

»Ich hab das Gefühl, dass Weber es möglicherweise nicht getan hat.«

»Wie professionell.«

Tara ignorierte den Seitenhieb, da sie ja ihrerseits das Ermittlungsergebnis hinterfragte: »Also. Einerseits deutet zwar alles auf Weber, aber mal ehrlich: Ist das Motiv wirklich stark genug? Und andererseits, na ja, so wie er geguckt hat … ist er entweder unschuldig oder meine Menschenkenntnis ist völlig im Eimer.«

»Hm.«

»Hilfst du mir nun, oder nicht?«

Dreier stöhnte. »Du kennst doch Plöger. Er hat seine Beweiskette zusammen und findet sie diesmal sogar wasserdicht. Du weißt doch, wie hektisch er ist. Also hat er uns längst von dem Fall abgezogen.«

»Hatte Weber überhaupt Spuren an den Händen? Bei einer Erdrosselung mit einer Saite müssten doch leichte Quetschungen an seinen Händen zurückgeblieben sein, selbst wenn er Handschuhe getragen hat. Und wie weit seid ihr in Neubarths Leben zurückgegangen?«

»Das hat Plöger alles nicht interessiert.«

»Kann ja sein, aber mich interessiert es.« Und dich hätte es auch interessieren müssen. Aber das dachte sie nur und fuhr fort: »Was hat Plöger neben Neubarths amourösen Eskapaden als Motiv sonst noch auf dem Zettel?«

Florian Dreier schaute zur Seite. »Mach das bitte nicht, Tara!«

»Mensch, Florian. Ich mache nichts. Ich frage nur.«

Dreier schüttelte den Kopf. »Ich bin längst an einem anderen Fall.«

»Flo!«

»Ach, Tara. Du bringst uns beide in Teufels Küche …« Florian Dreier stockte. »Genaugenommen sind wir da wegen meiner ständigen Nachfragen in Hamburg sowieso schon.«

»Komm doch mal wieder auf ein Abendbier vorbei. Ich besorge auch Alkoholfreies.« Florian nahm es sehr genau mit seinem Null-Promille-Prinzip, wenn er noch fahren musste. Genaugenommen hatte Tara immer alkoholfreies Weizen da, weil sie schon oft darauf gewartet hatte, dass Florian endlich einmal wieder und einfach so bei ihr reinschaute.

»Gute Idee!« sagte Florian. Tara fand allerdings, dass es nicht so klang.

»Ja«, sagte Tara leise, nachdem sie tief durchgeatmet hatte. »Nach Teufels Küche fühlt sich mein Leben wirklich an.«

Er ließ die Finger über die Klappen seiner Oboe tanzen, während er einen komplizierten Lauf solange spielte, bis Geschwindigkeit und Klang perfekt waren. Bis er ihn »in den Fingern hatte«, wie die Musiker sagten. Er liebte es, an warmen Tagen bei offenem Fenster in seiner Wohnung zu üben, die zwischen der Lippischen Landesbibliothek 26 und dem Palaisgarten lag, der sich süd-östlich des Neuen Palais 27 erstreckte. Er mochte den Blick in den Park. In einer Stadt wie Detmold mit vielen Musikstudenten und Musikern des Landestheaters gab es einige Wohnungen, in denen die Vermieter Musizieren erlaubten.

Vielleicht musste man das Töten auch üben. Er hatte sich vorgestellt, sich aus tiefstem Herzen gewünscht, dass die Rache ihm Seelenfrieden bringen würde.

Aber die Ruhe war ausgeblieben. Im Gegenteil. Weil es aufgrund seiner perfekten Planung so leicht gewesen war, hätte er nicht wenig Lust, das noch einmal zu wiederholen.

Einfach so.

Weil er es konnte.

Und weil er darauf vorbereitet war.

Vielleicht würde mehr Blut zu mehr Zufriedenheit führen. Auch, wenn er nun eigentlich gar kein Motiv mehr hatte.

Ach was, das stimmte ja gar nicht. Drei Beifahrer hatte Neubarth gehabt. Wenn die nicht gewesen wären, hätte er sich vielleicht besser auf den Verkehr konzentrieren können.

Und Marie könnte noch leben. Sie waren so glücklich zusammen gewesen. In Tokio hatte er ihr den Ring gekauft, den er ihr nach seiner Rückkehr anstecken und die Frage aller Fragen stellen wollte. Seitdem trug er ihn an einer Kette um den Hals, und der Ring hatte den Hass auf Neubarth immer tiefer in seine Brust gebrannt.

Schon schlimm genug, dass Tara sich ständig danach erkundigte, ob er neue Informationen für sie hätte. Er wollte ihr ja helfen. Oder zumindest fühlte sich Florian Dreier ihr verpflichtet. Schließlich hatte Angus Buchanan ihm mehr als einmal den Arsch gerettet. Das waren keine Kleinigkeiten gewesen. Die ganz große Nummer. Dreimal war es um Leben und Tod gegangen. Und immer war Angus da gewesen und hatte ihn rausgehauen, obwohl Florian sich durch eigene Unachtsamkeit in die Bredouille gebracht hatte. Außerdem waren beide auch privat stets für ihn da gewesen. Als Freunde. Fast schon Geschwister.

Florian schämte sich insgeheim, dass er sich nach Angus' Tod nicht um Tara gekümmert hatte. Hatte ein schlechtes Gewissen. Er hatte es nicht geschafft, zu ihr zu fahren und ihre Trauer auszuhalten. Dafür ging es ihm selber viel zu schlecht. Wahrscheinlich wäre es ganz einfach gewesen. Aber je länger er gewartet hatte, desto schwieriger war es geworden. Daher war er froh gewesen, als Tara anfing, nach Ermittlungsergebnissen zu fragen. Da konnte er wenigstens etwas tun.

Dass sie sich jetzt aber neuerdings einmischte, wenn ihr irgendetwas an den Ermittlungsergebnissen ihrer eigenen Fälle nicht in den Kram passte, konnte Florian Dreier überhaupt nicht gutheißen.

Er war den ganzen Vormittag an seinem Schreibtisch noch einmal alles durchgegangen. Jetzt brauchte er eine Pause und saß hinter der alten Synagoge **28** mit einem großen Eis auf einer Bank in der Sonne. Könnte es sein, dass Tara recht hatte? Hatten sie etwas übersehen? Durch die gefundene Saite waren sie natürlich schnell bei Sebastian Weber gelandet. Staatsanwalt Plöger hatte Druck gemacht und Ermittlungsergebnisse gefordert. Natürlich war der Fall durch die Medien gegangen, schließlich ist das Landestheater ja nicht irgendein Tatort und das Opfer als Erster Violinist und Konzertmeister durchaus prominentes Personal.

Seiner Erfahrung nach gab es zwei Arten von Tätern: Die Straffälligen waren mehrheitlich Menschen, die ihre Taten nicht ausführlich planten, schwache soziale Bindungen, bereits viele und wenn überhaupt, meist schlecht bezahlte Jobs hatten, weil ihnen sowohl die kognitive als auch die emotionale Intelligenz fehlten. Täter mit höherem IQ und einer besseren Bildung gingen gezielter vor, planten die Verbrechen und wussten auch, dass sie welche begingen. Und sie versuchten, keine Spuren zu hinterlassen. Das machte die Ermittlungen schwieriger. Nicht unmöglich, aber aufwendiger und langwieriger.

Dieser Mord gehörte eindeutig in die zweite Kategorie.

Das war eine Hinrichtung gewesen. Emotional aufgeladen, daher die brutale Erdrosselung. Laut Rechtsmedizin war der Täter ein Mann oder eine sehr kräftige und überdurchschnittlich große Frau, der oder die Neubarth nicht den Hauch einer Chance gelassen hatte. Was aber gar nicht in das Muster passte, war die zurückgelassene Tatwaffe. Was wollte ihnen der Täter damit sagen? Hatte Tara vielleicht recht und es handelte sich um eine falsche Spur?

Es hatten einfach zu viele Menschen zu verschiedenen Zeiten Zugang zum Theater, als dass er sicher sein könnte, dass sie alle Alibis korrekt überprüft hatten. Aber Tara lag vermutlich auch hier richtig. Morgen würde er sich endlich darum kümmern, ob es nicht doch etwas in Dominik Neubarths Vergangenheit gab, das einen Hinweis auf ein anderes, ein stärkeres Motiv lieferte als die Eifersucht eines gehörnten Ehemanns.

Das Klingeln seines Handys riss ihn aus dem Gedankengang. Florian nahm das Gespräch an.

Der Anrufer meldete sich mit »Thomas Jansen, K1 Oldenburg. Moin!«

Florian Dreier hatte schon mit einigen Kommissariaten außerhalb Lippes zusammengearbeitet. Das kam immer häufiger vor, weil die Innenminister stärker auf länderübergreifende Ermittlungsstrukturen setzten, was Fahndungserfolge wahrscheinlicher machte und Zugriffsquoten erhöhte. »Was kann ich für Sie tun, Herr Kollege?«

»Wir haben hier einen Mord und eine Spur, die zu Ihnen führt«, kam Jansen gleich zur Sache. »Haben Sie einen Moment?«

»Ich bin ganz Ohr.« Florian saß kerzengerade auf der Bank.

Der Oldenburger Kollege berichtete, dass in der Nähe eines strangulierten Opfers eine Saite gefunden worden war. Vermutlich eine Violinsaite. »Und die DNA auf der Saite führt uns direkt zu Ihnen. Sie passt nämlich mit Ihrem Opfer zusammen.«

»Unserem Opfer? Dominik Neubarth? Woher haben Sie seine DNA?«

»Ein alter Verkehrsunfall. Ungefähr fünf Jahre her. Wussten Sie das nicht?«

Scheiße. Florian nahm sich vor, sich nie wieder von Plöger unter Druck setzen zu lassen. Er fühlte sich wie der letzte dämliche Anfänger.

»Na ja … wie lange ist das Opfer tot?«

»Vier Tage.«

»Mist!« Wie kam die DNA des toten Neubarths an die Tatwaffe in Oldenburg?

»Das können Sie laut sagen.«

»Ein Verkehrsunfall? Was war das Besondere daran?« Florian Dreier sprang über seinen Schatten und schüttelte die Scham ab. Jetzt ging es um Ermittlungsarbeit. Da war für Eitelkeiten kein Platz.

»Neubarth hat eine junge Frau angefahren, die an den Folgen des Unfalls starb. Er war aber nicht allein im Auto, und sowohl er als auch seine Beifahrer sagten später übereinstimmend aus, die Frau sei bei Rot über die Ampel gegangen. Weitere Zeugen gab es nicht.«

»Aber er kann den Mord nicht begangen haben. Dafür ist er selbst zu lange tot. Und wurde auf dieselbe Art umgebracht.«

»Richtig«, sagte Jansen. »Und darum sind wir nun auf der Suche nach dem damaligen Freund der jungen Frau.«

Nachdem Florian Tara von einem neuen Verdächtigen im Mordfall Neubarth erzählt hatte, hoffte sie darauf, dass er ihr Gespür schätzen und sie nun auch bei den Ermittlungen zum Mord an Angus mehr ins Vertrauen ziehen würde. Natürlich wäre es ein Leichtes für Tara, Lou Ritter zu fragen, ob sie nicht in den digitalen Unterlagen der Hamburger Ermittlungsbehörden stöbern könnte. Aber sie hatte ohnehin schon ein schlechtes Gewissen Lou gegenüber, weil sie sich zur Informationsbeschaffung ohne Genehmigung in andere Systeme gehackt hatten.

Sie hoffte einfach darauf, dass Florian ihr bei Gelegenheit die Informationen gab, die sie brauchte. Warum dauerte das alles so lange?

Und wer blockte sie ab?

Die Sache, in die Angus hineingeraten war, musste viel größer sein, als er ihr anvertraut hatte. Oder – und das war vermutlich noch schlimmer – als er selbst gewusst hatte.

Florian Dreier schaute Tasso von Schönbrunn lange an. Mit Schweigen erreichte man bei Verhören häufig mehr als mit zu vielen Fragen. Sie hatten ihn in einer Probe im Sommertheater 29 erreicht. Das war leider nicht besonders elegant, falls er nicht der Täter sein sollte. Aber Mord war niemals elegant, und im Übrigen sah es für alle wie eine erneute Zeugenbefragung aus.

Allerdings wirkte der Musiker auf den ersten Blick überhaupt nicht nervös. Er war Lampenfieber von der Bühne gewohnt. Und er konnte es verbergen. Sehr professionell.

An den Vibrationen des Oberkörpers las Florian jedoch ab, dass von Schönbrunn leicht mit dem Fuß wippte. Also doch.

»Herr von Schönbrunn«, fuhr Florian Dreier mit der Vernehmung fort. »Sie haben also das Engagement hier in Detmold angenommen, obwohl Sie wussten, dass Herr Neubarth der Erste Geiger war?«

»Warum? Das war Zufall. Neubarth hat, also, ähm, hatte hervorragende Referenzen. Als Konzertmeister und als Erster Violinist. Mit guten Musikern spielt man gern zusammen; außerdem gibt es in der Branche sowieso nur Jahresverträge, da kann man nicht wählerisch sein.«

»Das sind aber eine Menge Zufälle, wenn man bedenkt, dass Ihre damalige Freundin infolge eines Unfalls verstorben ist, bei dem Neubarth der Fahrer des Unfallfahrzeugs war.«

Tasso von Schönbrunn zuckte kurz nervös mit dem rechten Auge, dann hatte er sich wieder im Griff: »Sie sagen es. Eine Menge Zufälle.«

»Und das war nie ein Thema zwischen Ihnen?«

»Neubarth wusste nicht, wer ich war.«

»Und Sie haben ihn auch nicht aufgeklärt?«

»Warum hätte ich das tun sollen?« Tasso von Schönbrunn lehnte sich zurück und verschränkte die Arme vor der Brust. Und als Florian Dreier nichts sagte, ergänzte er: »Im Übrigen geht mir das hier in eine sehr merkwürdige Richtung. Ich dachte, ich wäre als Zeuge hier. Und jetzt wollen Sie mich aufgrund von Zufällen beschuldigen und – ja, was? Vor Gericht stellen? Das nimmt Ihnen doch kein Staatsanwalt oder Richter ab.«

Für Florian klang das sehr nach: Hahaha, ihr wisst, dass ich's war, ich weiß, dass ich's war, aber ihr könnt es nicht beweisen.

»Nein, das stimmt. Das sind lediglich Indizien. Schlüssig zwar, aber eben nur Indizien.« Florian legte die rechte Hand flach auf die Pappmappe, die er vorhin vor sich auf den Tisch gelegt hatte. »Aber wenn ich mich mit diesem Durchsuchungsbeschluss in Ihrer Wohnung umschaue, was werde ich da wohl finden?«

»Nichts!« Tasso von Schönbrunn lehnte sich selbstsicher in seinem Stuhl zurück, und Florian sah seinem Gesicht an, dass er vermutlich die Wahrheit sagte.

»Da haben Sie recht, Herr von Schönbrunn.« Florian Dreier beugte sich etwas vor. »Aber der Beschluss für Ihr Auto«, von Schönbrunn blinzelte sofort und sehr heftig, »der hilft uns schon.«

»Du hast geblufft?« Tara Wolf lachte. Sie saß Florian Dreier im Sudhaus in Liebhart's Fachwerkdorf 30 gegenüber und stieß mit ihm auf den Ermittlungserfolg an.

»Na ja, halb. Den Durchsuchungsbeschluss für seine Wohnung hatte ich wirklich. Nicht aber den für das Auto. Da war irgendetwas schiefgelaufen.«

»Ich fasse es nicht. Eine Garotte.« Tara schüttelte den Kopf.

»Ja, brutal. Der Draht der Garotte ist vom Querschnitt her mit dem der Violin-E-Saite identisch. Die Spurenlage ist eindeutig. Die Rechtsmedizin konnte DNA von beiden Opfern nachweisen.«

»Puh!«, sagte Tara nur und nahm einen tiefen Schluck.

»Danke!« Florian sah sie an.

»Hm?«

»Für dein Gefühl.«

Tara lächelte. »Jederzeit wieder.«

Florian atmete laut hörbar aus.

DETMOLD

Theotmalli oder Thiotmalle – dieser Name erscheint erstmals um 783. Sowohl Jahr als auch Ort lassen sich der geschichtsträchtigen Schlacht zuordnen, in der Karl der Große (vermutlich 747–814) die Sachsen unter Widukind (Lebensdaten ungeklärt) schlug und damit auch die Christianisierung der Sachsen begann. Allerdings bezeichnete Thiotmalle zu dem Zeitpunkt vermutlich noch keinen Ort oder eine geschlossene Siedlung, sondern lediglich die Gegend zwischen den beiden Flüsschen Berlebecke und Werre. Dort dürfte sich ein sächsischer Thingplatz, eine Stätte für Volks- und Gerichtsversammlungen, befunden haben.

Sowohl die bekannten Komponisten Johannes Brahms (1833–1897) und Albert Lortzing (1801–1851) als auch der Dichter Christian Dietrich Grabbe (1801–1836) verbrachten unterschiedlich lange Phasen ihrer Schaffenszeit in Detmold.

Über 400 eingetragene Baudenkmäler befinden sich in der historischen Altstadt. Den hohen Freizeitwert erhält Detmold durch ein vielfältiges kulturelles Leben sowie die abwechslungsreiche Natur rund um die Stadt.

Die Busse der Touristiklinie 792 verbinden zahlreiche touristische Ziele in Detmold und Umgebung miteinander.

Ergänzende Infos zur Stadt sowie zu Führungen, Veranstaltungen und weiteren touristischen Angeboten:

Tourist Information Lippe & Detmold
Marktplatz 5
32756 Detmold
Telefon: 05231 977328
Mail: tourist.info@detmold.de
www.detmold.de

Randnotiz
Bekanntestes »Kind« der Stadt ist die Schauspielerin Iris Berben (*1950).

16 **Landestheater Detmold**

Das Landestheater (Theaterplatz 1) wurde ursprünglich 1825 als Hoftheater erbaut. Der klassizistische Bau brannte 1912 bis auf den Säulenportikus ab und wurde zwischen 1914 und 1919 wieder aufgebaut. Das Detmolder Landestheater ist das größte in NRW und bietet in jeder Spielzeit zirka 600 Vorstellungen an, von denen knapp die Hälfte auf anderen Bühnen deutschlandweit absolviert wird.
Neben der Hauptbühne im Großen Haus zeigt das Landestheater seine Aufführungen in Detmold an vier weiteren Spielstätten: Das Hoftheater bietet Freiluftaufführungen im Innenhof des Landestheaters; das Sommertheater 29 verspricht über die gesamte Spielzeit ein abwechslungsreiches Programm; das Grabbehaus (Bruchstraße 27), ursprünglich als Gefängnis beziehungsweise Lippisches Zuchthaus errichtet, dient heute als Studiobühne des Landestheaters und beheimatet im vorderen Bereich das Café Gothland; das »Kaschlupp!« (Bahnhofstraße 1) ist bekannt für Kindertheaterproduktionen.

17 **Lippisches Landesmuseum Detmold**

Das Lippische Landesmuseum liegt im Zentrum von Detmold an der Ameide 4, vom Weserrenaissance-Schloss 22 nur durch einen Burggraben getrennt. Wenn Sie genau hinschauen, können Sie zur Winterzeit durch den üppig rankenden Efeu an den Schlossmauern alte Kanonenrohre entdecken, die aus Öffnungen in der Schlossmauer ragen. Das Landesmuseum beheimatet in fünf Gebäuden und dem Museumsgraben zahlreiche Dauer- und Wechselausstellungen. Der Schwerpunkt liegt auf Naturkunde, Ur- und Frühgeschichte, Völkerkunde und Landesgeschichte. Eine Kunstsammlung sowie eine Ausstellung zu Möbeln und Innenarchitektur ergänzen den Schwerpunkt des Museums. Die museumspädagogische Abteilung bietet ein vielfältiges und abwechslungsreiches Programm.

18 **Erlöserkirche am Markt**

Nachdem Karl der Große (vermutlich 747–814) die Sachsen besiegt hatte, begann die Christianisierung und damit der Bau von Taufkirchen. Es wird vermutet, dass die Reste eines Turmfundaments aus vorromanischer Zeit im Westen der heutigen Kirche (Marktplatz) auf eine Taufkirche als Vorgängerbau hinweisen, der während der Soester Fehde 1447 zerstört wurde. Anschließend begann der Wiederaufbau zu einer gotischen Hallenkirche, die ab 1511 Hof- und Stadtkirche wurde. Bautechnisch genauer datiert ist allerdings erst wieder der Bau des südlichen Hauptturms (1564–92). Wertvollster »Einrichtungsgegenstand« der Kirche ist die gewaltige Oestreich-Orgel (1793–1795) auf der Westempore.

Jedes Jahr am letzten Novemberwochenende findet die »Kirmes unter dem Kirchturm« statt. Die nach dem Apostel Andreas benannte »Andreasmesse« hat sich mittlerweile auf große Teile der Innenstadt ausgeweitet und bietet Kirmes- und Rummelfreunden alles, was das Herz in der Vorweihnachtszeit begehrt.

19 Christuskirche

Infolge der Reformation wurden ab zirka 1605 in der Erlöserkirche am Markt 18 sowohl reformierte als auch lutherische Gottesdienste abgehalten. Ende des 19. Jahrhunderts reichte der Platz aber nicht mehr aus, obwohl es jeden Sonntag drei Gottesdienste gab. Nach langen Überlegungen und Diskussionen wurde deshalb entschieden, die Gemeinde nach über 300 Jahren ihres Bestehens im Herbst 1903 zu teilen – dabei sollte die Landgemeinde die Erlöserkirche behalten, die Stadtgemeinde ein neues Gebäude bekommen. Am 27.04.1905 erfolgte der erste Spatenstich auf dem Kaiser-Wilhelm-Platz (Bismarckstraße 23) und am 12.01.1908 wurde der im neugotischen Stil errichtete Kirchenbau geweiht. Neben der Tatsache, dass die Kirche gewestet errichtet wurde (der Chor liegt im Westen), weist die Saalkirche mit Querschiff als dreischiffige Hallenkirche zahlreiche architektonische Besonderheiten auf, die man in Ruhe entdecken und bestaunen kann.

20 Aqualip

Das vielfältige Angebot des Aqualip in der Georg-Weerth-Straße 19 umfasst eine Erlebniswelt unter anderem mit Innenschwimmbahnen und einer 84 Meter langen Rutsche, einer finnischen Saunalandschaft und einem Freibadbereich mit Außenschwimm- und Planschbecken sowie einer großen Liegewiese.

21 LWL-Freilichtmuseum Detmold

Im Freilichtmuseum des Landschaftsverbands Westfalen-Lippe (LWL), dem größten Freilichtmuseum

Deutschlands (Neustadt 26), wurden auf 90 Hektar Fläche rund 120 historische Gebäude (Schwerpunkt Fachwerkbau) aus allen Landschaftsteilen Westfalens in kleinen Dörfern oder Hof-Alleinlagen wieder aufgebaut und eingerichtet. Hier gibt es für jeden etwas zu entdecken: ob vollständige Hofanlagen (auch als Gräftenhof, einem mit einem Wassergraben umgebenen Hof), alte Mühlen und Kotten, Schulgebäude, Bäckereien, kleine Dorfteiche, wilde Bauerngärten oder die alte Kapellenschule. Bänke und Bäche laden immer wieder zum Ausruhen, Genießen und Spielen ein. Besonders schön ist eine Wanderung bis in das Paderborner Dorf, von wo aus Sie mit einem Pferdewagen wieder bis zum Eingang zurückfahren können – oder umgekehrt.

22 **Fürstliches Residenzschloss**

Das Weserrenaissance-Schloss (Schlossplatz 1) stammt aus dem 16. Jahrhundert, ist als vierflügelige Anlage mit je einem Treppenturm in den Hofecken angelegt. Dominiert wird der Bau durch den »dicken Turm«, dessen Mauern teilweise noch vom Bergfried der mittelalterlichen Burg stammen, die ursprünglich hier stand (erstmals erwähnt 1366). Die Prinzenfamilie bewohnt einen Teil des Schlosses, der andere Teil kann mit einer Führung erkundet werden. Man schaut bei der Schlossführung dem Prinzen quasi ins Fenster. In den Sommermonaten gibt es zusätzlich wechselnde Kunstausstellungen (Eintritt frei) in einem besonderen Raum, der über den sonst nicht zugänglichen Schlossinnenhof erreicht wird.

23 Detmolder Altstadt

Im Zentrum der historischen Altstadt liegt der Marktplatz, dessen Bild im Westen von der Erlöserkirche 18 geprägt wird. Im Norden liegt das klassizistische Rathaus (1828–1830) mit der doppelläufigen Freitreppe und dem Säulenportikus. Vor dem Rathaus befindet sich der Donopbrunnen, der mit der Quellnymphe an die Berlebecke als wichtige Wasserversorgung der Stadt erinnert. Rundherum wird der Marktplatz durch Bauwerke zahlreicher Bauperioden (Klassizismus, Jugendstil, Weserrenaissance) eingerahmt.

Entlang der Hauptfußgängerzone »Lange Straße« lassen sich viele bemerkenswert restaurierte oder historisch bedeutsame Giebel entdecken: das Schmerimenhaus Nr. 14, das Westfälische Haus an der Ecke Krumme Straße/Lange Straße, direkt gegenüber der Detmolder Hof, ferner die Häuser Nrn. 28, 30, 32, 34, 35, 36, 49 sowie die Hof-Apotheke Nr. 55.

Auch die Krumme Straße (Nrn. 2–24, 32, 40, 42, 58, 60), die Bruchstraße (Nr. 27 – Café Gothland – bis Nr.31), Im Orte Nr. 9, die Schülerstraße (Nr. 33), Adolfstraße (Nrn. 1–15), Exterstraße (Adelshof Nr. 5 und Nr. 9) oder die Meierstraße (Nr. 9) laden zum Entdecken von Fachwerkgiebelhäusern, klassizistischen Bauten oder Stadtmauerteilen (Bruchmauerstraße) ein.

Für eifrige Touristen gibt es einen tollen Service: die »netten Toiletten« – neben den öffentlichen Toiletten (im Rathaus direkt am Marktplatz) stellen auch einige Gastronomen ihre Toiletten kostenfrei und ohne Verzehrpflicht zur Verfügung.

In der Tourist Information können thematisch sehr abwechslungsreiche und unterhaltsame Stadt- und Erlebnisführungen gebucht werden.

24 Friedrichstaler Kanal

Graf Friedrich Adolf (1667–1718) hatte den Traum, nach dem Vorbild von Versailles ein Lustschloss nebst Kanälen, Terrassen und Gärten anzulegen. Dieses Lustschloss Friedrichstal mit vier Türmen entstand im Süden der Stadt. Um »Lustpartien« auf Gondeln zwischen dem Residenzschloss und dem heute nicht mehr existierenden Lustschloss zu ermöglichen, wurden die Bauten durch einen zirka zwei Kilometer langen künstlichen Wasserlauf miteinander verbunden. Die drei Schleusen zwischen Schloss und oberer Mühle sind noch zu erkennen. »Lustpartien« per Gondel sind heute zwar nicht mehr möglich, dafür aber per pedes: Ein Spaziergang entlang des Wasserlaufs vom Fürstlichen Residenzschloss 22 in der Innenstadt entlang der Allee über das Neue Palais 27 bis zum LWL-Freilichtmuseum 21 lässt die früheren Freuden der höfischen Gesellschaft erahnen. Als Startpunkt für diesen Gang eignet sich hervorragend die Ameide, die parallel zum Schlossgraben verläuft und gegenüber dem Landestheater Detmold 16 beginnt.

25 Villenspaziergang am Hiddeser Berg

Einen wunderschönen Villenspaziergang kann man entlang der Bandelstraße sowie den abzweigenden Straßen und obere Bülowstraße unternehmen. Die Gebäude entstanden ab Anfang des 18. Jahrhunderts und nehmen in der Architektur Motive verschiedener

Epochen auf (unter anderem Weser- und italienische Renaissance, Klassizismus, Jugendstil, Reformarchitektur).
An der Palaisstraße Nr. 1–13 liegt die Privatbrauerei Strate, die sich seit 1863 der Produktion besonderer Bierspezialitäten verschrieben hat. Heute gilt die Brauerei als zweitgrößter Bügelverschlussflaschenabfüller Deutschlands. Bei einer Führung kann man vor der neogotischen Backsteinfassade einen liebevoll angelegten Park und dahinter ein hochmodernes Brauunternehmen entdecken.

26 Lippische Landesbibliothek

Eine von vier nordrhein-westfälischen Landesbibliotheken residiert –im wahrsten Sinne des Wortes – in der Hornschen Straße 41. Das Palais des Prinzen Woldemar mit Säulenportikus war einst das größte klassizistische Privathaus in Detmold und verfügte ursprünglich über 39 Zimmer. Die Gründung der Bibliothek geht auf das Jahr 1614 zurück. Seit 1886 befindet sie sich im Prinzenpalais.
Ende 2015 wurde der Erweiterungsbau, das »FORUM Wissenschaft | Bibliothek | Musik« in Detmold eingeweiht – eine Kooperation der Lippischen Landesbibliothek, der Hochschule für Musik Detmold, der Universität Paderborn, des Landesarchivs NRW sowie des Netzwerks Musikhochschulen.

27 Neues Palais

Das Neue Palais (Neustadt 22) im Stil des Spätbarocks mit toskanischen Zierelementen liegt am Friedrichstaler Kanal 24 und gehört zu einem Ensemble aus barocken

Reihenhäusern und klassizistischen Villen, mit denen die Detmolder Neustadt begründet wurde. Das Palais erhielt nacheinander die Namen »Favorite«, »Neue Favorite« und »Friedamadolfsburg«. Graf Friedrich Adolf (1667–1718) baute das Palais für seine zweite Gemahlin Gräfin Amalie zur Lippe (1678–1746) und der Name »Friedamadolfsburg« leitet sich aus der Vornamenskombination »Friedrich Amalie Adolf« ab. Seit 1954 beheimatet das Neue Palais die renommierte Hochschule für Musik in Detmold. Auf der Südseite befindet sich der Palaisgarten im Stil englischer Landschaftsgärten mit Springbrunnen und Wasserfällen.

28 Synagoge

Die alte Synagoge (Exterstraße 8a) entstand aus einer ehemaligen, von der Straße etwas zurückliegenden, Scheune aus dem 17. Jahrhundert. Die Nutzung als Synagoge (1748–1907) endete, als in der Lortzingstraße 3 die neue und sehr prächtige Synagoge eingeweiht wurde. Das vordere Gebäude in der Exterstraße 8 wurde aber weiterhin als Rabbinerhaus genutzt. Die neue Synagoge wurde in der Nacht zum 10. November 1938 niedergebrannt. Die Löscharbeiten der Feuerwehr konzentrierten sich lediglich darauf, den Übergriff des Feuers auf benachbarte Gebäude zu verhindern.
Repliken von aufgefundenen Portalsäulen der neuen Synagoge wurden in vier Betonstelen integriert, die heute auf der Rückseite der alten Synagoge in der Exterstraße zum Gedenken an die Judenverfolgung als Mahnmal installiert wurden. Um die Säulen-Originale zu schützen, befinden sie sich im Lippischen Landesmuseum 17. Sie erreichen die Gedenkstätte

entweder von der Fußgängerzone (Lange Straße 31) durch die »Twete zur Synagoge« oder über die Exterstraße durch den Gang links von Hausnummer 8. Buchtipp: »Auf jüdischen Spuren – Zwei Stadtrundgänge durch Detmold« von Gudrun Mische-Buchholz, erschienen im Lippe Verlag.

29 **Detmolder Sommertheater**

Zu Beginn des 18. Jahrhunderts wurde die mittelalterliche Altstadt Detmolds Richtung Süden erweitert. So entstanden das Neue Palais 27, ein sogenanntes Branntweinhaus nebst Brauerei und ein »Lusthaus« als Ausflugsort für die Detmolder. Ende des 19. Jahrhunderts wurde eine Brauerei (1880), das Gasthaus »Neuer Krug« (1889) sowie das heutige Sommertheater (1898) erbaut.

Das Detmolder Sommertheater (Neustadt 24) ist eines der letzten erhaltenen Sommertheater in Deutschland und wird für Aufführungen des Landestheaters oder der Hochschule für Musik ebenso verwendet wie für Empfänge, Bankette oder Ausstellungen.

30 **Liebhart's Detmolder Fachwerkdorf**

Ein bisschen versteckt befindet sich inmitten des Industriegebietes als schönes Ausflugsziel ein idyllisches Fachwerkdorf (Am Gelskamp 15), in dem verschiedene kulinarische Spezialitäten (beispielsweise im Sudhaus, in der Weindiele oder im Dorf-Café) sowie wechselnde Dorffeste angeboten werden.

Weitere Tipps zu Detmold finden Sie im nächsten Kapitel.

WOLFSHÖHE

Sie zuckte zusammen, als es an der Tür klingelte. Vor Aufregung raste ihr Herz. Seit zwei Tagen hatte sie nichts von ihm gehört. Er hatte nicht angerufen und ins Telefon geatmet. Seit zwei Tagen hatte sie ihn auch nicht mehr gesehen. Auf der Straße vor ihrem Haus war er nicht aufgetaucht. Manchmal parkte sein Auto nur gegenüber in einer Parkbucht. Manchmal stieg er aus und schaute zu ihr hoch.

Gerade hatte sie es sich gemütlich gemacht. Wenn man krankgeschrieben war, konnte man das ja auch mitten am Tag. Der neueste Ostfrieslandkrimi von Klaus-Peter Wolf lag bereit, und während der Kaffee durchlief, öffnete sie eine Packung gesalzene Erdnüsse. Dabei dachte sie daran, wie er sich immer über den Hinweis auf Verpackungen aufgeregt hatte: »Kann Spuren von Nüssen enthalten.« Nein, er hatte sich nicht nur aufgeregt. Er hatte cholerisch herumgeschrien. *»Die denken, das wäre freundlich gegenüber uns Allergikern. Diese scheinheiligen Warnhinweise. Aber könnten die nicht vielleicht mal ihre Produktion so sorgfältig und sauber organisieren, dass ich das auch essen kann, ohne Angst haben zu müssen, an einem anaphylaktischen Schock zu verrecken?«*

Sie konnte einfach nicht mehr. Und sie wollte auch nicht mehr. Sie wollte ihr Leben zurück. Sie wollte stark sein. Dagegen angehen. Die Therapiesitzungen halfen ihr. Sie war dankbar für die Krankschreibung. Sie merkte, wie gut es ihr tat, eine Zeit lang nicht zur Arbeit zu gehen. Ihn nicht sehen zu müssen.

Letzte Woche war sie sogar draußen gewesen und hatte nach über einem halben Jahr wieder Fotos mit ihrer Nikon gemacht. Sie wohnte nicht weit von der Adlerwarte Berlebeck 31 und liebte es, bei den Freiflugvorführungen der Falkner die majestätischen Vögel in ihrem Element zu fotografieren. Auch im Vogelpark und bei der romanischen Kirche in Heiligenkirchen 32 hatte sie farbenfrohe und lebendige Bilder von Natur und Architektur gemacht, die sie schon auf ihren iMac überspielt hatte und in den nächsten Tagen sortieren und bearbeiten wollte. Alle ihre Freunde und Verwandten lobten die Fotografien, die sie kunstvoll in Rahmen und Passepartouts in ihrer Wohnung aufgehängt hatte. Für die meisten ihrer Freunde hatte sie schon ein besonderes Motiv in Szene gesetzt. Sie durfte im letzten Sommer sogar die Hochzeitsfotografin für ihre beste Freundin Kristin sein. Das war bisher die größte Auszeichnung für die Arbeit hinter der Kamera.

Nun wollte sie etwas Neues ausprobieren, und ihre Therapeutin hatte sie darin bestärkt. Die Drohne war schon vor vier Wochen geliefert worden. Wie anklagend lag der kleine Quadrocopter noch immer halb ausgepackt und unbenutzt auf dem Esszimmertisch.

Ob ihr die Luftaufnahmen vom Hermannsdenkmal 33 gelingen würden, so wie sie sich das vorstellte? Grandios sollten sie werden. Mit Hilfe von Google Maps hatte sie einen Plan, nein, ein richtiges Drehbuch entwickelt, wie der Überflug ablaufen sollte, mitsamt Abstecher zum Donoper Teich 34, einem kurzen Stück den Fernwanderweg Hermannshöhen 35 entlang und wieder zurück zum Hermann. Vielleicht konnte sie im nächsten Jahr einmal den Start des Hermannslaufes 36 filmen. Die Musik hatte sie auch schon ausgewählt. »Der Sommer«, das für sie dramatischste Konzert aus »Die vier Jahreszeiten« von Vivaldi.

Oder durfte man das vielleicht gar nicht? Sie musste dringend noch einmal nachschauen, was sie mithilfe ihrer Drohne filmen und fotografieren durfte und was nicht. Aber was soll's? Sie hatte so viele Ideen, dachte sie glücklich. Da machte es auch nichts, wenn sie eine davon nicht umsetzen konnte.

Es ging ihr unendlich viel besser ohne ihn, auch wenn ihr die sonntäglichen Spaziergänge fehlten. Den Rundweg im Leistruper Wald 37 mochte sie besonders gern, selbst wenn die Hügelgräber sie natürlich an die Arbeit als Achäologin erinnerten.

Die nächste Therapiesitzung war übermorgen. Sie konnte sich ja nicht ewig krankschreiben lassen. Was ihre Therapeutin wohl von der Idee halten würde, einen YouTube-Kanal einzurichten? Kristin fand die Idee jedenfalls ziemlich gut.

Ein erneutes Klingeln riss sie aus ihren Gedanken. Vielleicht, versuchte sie sich selbst zu beruhigen, klingelte der Paketbote einfach bei ihr, weil er den Nachbarn nicht angetroffen hatte. Sie erwartete derzeit kein Paket.

Die Angst saß tief.

Vorsichtig ging sie zum Fenster, um hinunter auf die Straße zu schauen. Auf keinen Fall durfte er sie sehen, falls er dort unten irgendwo war. Sie bewegte sich sehr vorsichtig.

Dort stand sein Auto.

Leer.

Oh, nein!

Wie selbstverständlich ging er davon aus, dass sie zu Hause war. Er war schließlich derjenige, der ihre Krankmeldung als ihr Vorgesetzter zuerst in die Hände bekam.

Sie würde ihn nicht ins Haus lassen. Unter keinen Umständen.

Die Gegensprechanlage war mit einer Kamera verbunden, sodass man sehen konnte, wer unten vor der Haustür stand. Sie ging auf Zehenspitzen zur Wohnungstür, neben der die Anlage angebracht war. Schaute auf den Monitor. Jemand ging mit einem Hund vorbei. Sonst nichts.

Wo war er?

In dem Moment klopfte es an ihrer Tür. Vor Schreck entfuhr ihr ein Schrei. Wie war er ins Haus gekommen?

»Machst du bitte mal auf, Saskia!«

Sie sagte nichts. Atmete nur.

»Saskia?«

»Hör mal … ich … mir geht es nicht so gut.«

»Ja, deshalb bin ich hier.«

Paradox. Es ging ihr ausschließlich wegen ihm so schlecht. Aber so wie sie ihn kannte, würde er nicht fortgehen. Und dann würden sich die Nachbarn wundern. Das wäre ihr sehr unangenehm. Der Fluch eines Hauses, in dem fast alle Parteien ihre Eigentumswohnungen selbst bewohnten.

»Geh bitte weg«, versuchte sie es leise.

»Ich mach mir Sorgen um dich. Lass mich nur kurz einmal nach dir schauen, bitte. Ja?«

Jetzt tat er wieder so lieb und verständnisvoll, damit die Nachbarn ja nicht sein wahres Ich mitbekamen. Aber tatsächlich war er ganz anders. Herrschsüchtig. Egoistisch. Ein gnadenloser Macho, von dem sie sich lange genug hatte demütigen lassen. Doch als sie aus purer Verzweiflung mit letzter Kraft endlich Schluss gemacht hatte, war es mit dem Terror erst richtig losgegangen. Lass dich niemals mit einem Arbeitskollegen ein, hatte Kristin ihr geraten. Schon gar nicht mit deinem Chef. Sie hatte gedacht, es besser zu wissen als ihre beste Freundin und bekam nun die Quittung dafür.

Wenigstens ihre Therapeutin glaubte ihr. Und Kristin. Das war ein Anfang. Nach außen war er stets galant und freundlich. Einen Mobber und Stalker stellte man sich anders vor. Ein folgenschwerer Irrtum!

Sie hatte wohl keine Wahl und öffnete die Tür.

Peter Falke liebte die Arbeit im Feld. Als Paläontologe mit dem Schwerpunkt Konservation fossiler Landtiere hatte er schon in vielen abgelegenen Regionen der Welt an Grabungsprojekten teilgenommen. Als seine Mutter krank wurde, war er froh darüber gewesen, dass er die Stelle im Lippischen Landesmuseum in Detmold bekommen hatte, die ihn in ihre Nähe zurückbrachte. Schon als Kind hatte er jedes Buch über Dinosaurier verschlungen, zum Glück gab es damals in der Stadtbücherei die großen Was-ist-Was-Bücher mit den tollen Zeichnungen.

Peter Falke hielt sich aus dem Streit der Extrempositionen zwischen Darwinisten und Kreationisten grundsätzlich heraus. Das war nicht einfach als Wissenschaftler, der eigene Forschungserkenntnisse publizieren musste und von dem man erwartete, dass er sich auch zu Arbeiten von Kollegen äußerte. Einerseits hatte er starke Zweifel daran, dass all die Wunder der Natur auf einem Zufall basieren sollten. Zu viel davon passte logisch ineinander und hatte ein inneres Gleichgewicht. Andererseits wunderte er sich über die Zweifel daran, dass es einmal Dinosaurier gegeben haben sollte. Ständig verschwanden Tier- oder Pflanzenarten von der Erde, siedelten sich in neuen Gebieten an oder unbekannte wurden entdeckt. Daran war nichts ungewöhnlich.

Der Mensch hatte inzwischen ja auch einen beträchtlichen Anteil daran. So war die japanische Riesenauster vor einigen Jahren im Ballastwasser großer Containerschiffe in die Nordsee gelangt.

Heute arbeitete Peter Falke nach langer Zeit endlich wieder an der frischen Luft. Es war ein fast windstiller Tag, und hohe Schleierwolken zogen langsam über die Ruine der Falkenburg 38 hinweg, die majestätisch auf der Spitze des Falkenbergs oberhalb von Berlebeck und über den Wipfeln des Teutoburger Waldes thronte. Der für Lippe so geschichtsträchtige Ort war schon lange eine archäologische Grabungs- und Baustelle, die immer wieder spannende Erkenntnisse über das Leben im späten Mittelalter lieferte. Peter lächelte, während er vorsichtig mit einer Bürste einen alten Mauerstein von Erde befreite. Er arbeitete auf der Südseite der Burg. Das Mittelalter war überhaupt nicht seine Zeit, aber sein Kollege Richard Goldstein hatte gefragt, ob Peter ein paar Tage aushelfen könne, weil sich eine Mitarbeiterin für zwei Wochen krankgemeldet hatte. »Wenn schon eine Burg nach dir benannt ist …«, hatte Goldstein geflachst, den Peter schon seit seiner ersten Expedition kannte.

Goldstein hatte eben angerufen, dass er sich verspäten, aber gegen Mittag auf der Grabungsstelle sein würde. Auch sonst waren heute sehr wenig Arbeiter auf der Baustelle. Damit hatte Peter kein Problem. Es passte ihm sogar sehr gut, da er gern still und konzentriert vor sich hinarbeitete.

Peter hörte ein leises Surren, das er zunächst nicht zuordnen konnte. Also richtete er sich langsam auf. Er war dankbar für die Unterbrechung, da er bereits seit einer halben Stunde in gebückter Haltung gearbeitet hatte. *Man wird auch nicht jünger.* Er ließ die Bürste auf dem bearbeiteten Stein liegen, streckte den Rücken durch und stützte sich auf eine Schaufel. Dabei schaute er nach Osten, von wo das leise Surren kam.

Eine Drohne?, wunderte sich Peter Falke. Wahrscheinlich wieder so ein Hobbyfotograf, der für seine Facebook- oder Instagram-Seite spektakuläre Aufnahmen von der Burg machen wollte.

Der Quadrocopter kam schnell näher und blieb einen kurzen Moment schräg oberhalb von Peter stehen. Es war, als würden sich die Drohne und Peter kurz anschauen. Was war denn das für ein merkwürdiges schwarzes Rohr?

Die Drohne kam schnell auf Peter zu. Als sie direkt über ihm war, gab es einen Knall. Peter duckte sich einen Moment zu spät, da hatte er das Pulver schon eingeatmet, das die Drohne verteilt hatte. Er hustete und rieb sich die Augen. Peter hatte auch etwas davon in den Mund bekommen. Es schmeckte nach … merkwürdig … Nuss?! *Kann Spuren von Nüssen enthalten. Wie albern. Was war denn hier los?* Peter ärgerte sich über seine wirren Gedanken.

Die Drohne stand immer noch über ihm, offensichtlich weil der Pilot beobachten wollte, ob der Streich geglückt war. Streich? In einer fließenden Bewegung nahm Peter die Schaufel und schlug nach der Drohne. Der lange Stiel verlängerte seine beträchtliche Armlänge noch einmal deutlich. Wo er das Flugobjekt getroffen hatte, wusste Peter Falke nicht. Er hatte einen kurzen Widerstand an der Schaufelspitze gespürt. Jedenfalls sank das nun flugunfähige Gerät 50 Meter von ihm entfernt bergabwärts zu Boden.

Peter lief, die Schaufel immer noch in der Hand, zur Absturzstelle und begutachtete den Schaden. Zwei der Rotoren hatte er getroffen. Die anderen Arbeiter waren zu weit entfernt, um etwas gesehen oder gehört zu haben.

Scheiße. Die Drohne war verloren. Und es war höchst ungewiss, was Falke damit anstellen würde.

War er zur Polizei gegangen?

Wahrscheinlich, so korrekt, wie der sich immer gab.

Oder bestand doch noch eine Möglichkeit, ihn aufzuhalten?

Das durfte nicht wahr sein, der schöne Plan!

»Und, wie ist das so?«, wollte Lou Ritter von Peter Falke wissen. Sie saß an der Bar in Peters Wohnzimmer auf einem der Reitsattelbarhocker, auf dem sie hin- und herrutschte, weil sie nicht wirklich eine bequeme Position fand. Sie war das erste Mal hier und fühlte sich ein wenig fremd, auch wenn Peter alles tat, damit sie sich wohlfühlte.

Er stand auf der anderen Seite der Bar und ließ sich ein Weizen in das entsprechende Glas laufen. Da Lou kein Bier mochte, hatte sie sich für eine Cola light entschieden, die schon vor ihr stand. Sie warteten noch auf Tara. Peter wollte irgendetwas mit ihnen besprechen und Lou fragte sich, ob es wohl mit der demolierten Drohne zu tun hatte, die neben ihr auf einem blauen Müllsack auf dem Tresen lag.

»Wie macht ihr das, damit so ein Dino-Skelett dann auch wieder steht? Alles mit Draht durchbohren, oder wie muss man sich das vorstellen? Ist bestimmt schwierig. Da findet man uralte Knochen, und dann ist einer zu blöd zu bohren und das Ding ist hin.«

Peter wackelte mit dem Kopf.

»Ja, was nun?«, hakte Lou nach, die mit der Antwort nichts anfangen konnte. »Jetzt lass dir doch nicht alles aus der Nase ziehen.« Sie versuchte sich hier in Small Talk und was machte Peter?

»Jain«, sagte er und ließ die Weizenflasche nach dem Einschenken kreisen, damit sich auf dem Flaschenboden noch der Rest sammelte.

»Na super, Herr Doktor. Danke für die ausführliche Erklärung.«

»Du hast völlig recht, Lou. Kein Wissenschaftler, dem die Wüstensonne noch nicht alle Gehirnzellen weggebraten hat, würde es wagen, einen echten Fund zu durchbohren, nur um das Skelett im Museum auszustellen. Aus genau dem Grund, den du genannt hast. Fossilien sind schlussendlich Steine, die in Stein eingeschlossen sind. Was meinst du, was das wiegen würde und wie viele Dino-Knochen ich deshalb auch schon in Gips nachgegossen habe.« Peter beugte sich vor und flüsterte: »Nein, das sind alles Gipsabdrücke. Aber sag das bloß nicht weiter.«

Lou kam ihm ein paar Zentimeter entgegen und flüsterte ebenfalls: »Danke für die Erklärung. Auch wenn du manchmal ein bisschen aussiehst wie der Typ aus der Sesamstraße, der Ernie einen Buchstaben andrehen will, den er im Mantel versteckt hat.«

»Geeeennauuuuu!«, raunte Peter zurück.

Geht doch, dachte Lou. Sie mochte Peter und Tara seit ihrem ersten Fall. Auch wenn die beiden deutlich älter waren, ließen sie Lou das nicht spüren. Das gefiel ihr.

»So, liebe Kinder«, mischte sich nun Tara ein, die durch die Verandatür das Wohnzimmer betreten und scheinbar den letzten Teil der Unterhaltung mitbekommen hatte, »nun drängt sich also die zentrale Frage auf: Wie heißt die Figur?«

»Hi, Tara«, sagte Lou und gab Tara die Hand, was sich seltsam steif anfühlte. Peter kam hinter dem Tresen vor und begrüßte sie mit einer Umarmung.

Lou nutzte die Gelegenheit, um ihr Smartphone vom Tisch zu nehmen, in rasender Geschwindigkeit etwas hineinzutippen und sagte dann: »Nee, die zentrale Frage lautet vielmehr: Warum trägt Peter immer diesen Trench? Wegen Schlemihl aus der Sesamstraße, Bogey in Casablanca oder Peter Falk alias Columbo?«

»Falke, der Name. Peter Falke. Vorne zwei, hinten ein ›e‹. Gaaaaanz wichtiger Unterschied!«

»Jaja.« Lou ließ nicht locker. »Also?«

»Also, was?«

»Ich hoffe, du tust nur so.«

»Meine Eltern haben mich untersuchen lassen. Alles okay, soweit.«

»Das behauptet Sheldon Cooper auch.«

»Du guckst ›The Big Bang Theory‹?«

»Hallo?!«, rief Tara und wedelte mit beiden Armen. »Ich freu mich sehr, wenn sich verwandte Seelen gefunden haben, aber ich hatte ’nen harten Tag. Warum sind wir hier?«

Der Einfachheit halber hatte Peter die beiden Frauen kurzerhand per WhatsApp eingeladen. Glücklicherweise hatten sie schnell einen Termin gefunden.

»Danke, dass du da bist. Was möchtest du trinken?«

»Irgendwas ohne Alkohol. Ich muss gleich noch fahren. Apfelschorle wär toll.«

»Kommt sofort.«

»Danke!«

»Da nich für.«

Was brüteten die drei da nur aus?

Immerhin war die Drohne immer noch in Falkes Haus. Die Verandatür, die in dieses alberne Cowboy-Wohnzimmer führte, war nicht besonders stabil. Da müsste doch was zu machen sein.

Später.

»Das ist eine Standard-Drohne im mittleren Preisbereich«, sagte Lou, die auf Peters Bitte hin den Copter vorsichtig untersuchte. Sie hob ihn an einer Seite hoch und verwendete dabei einen Zipfel von dem Müllbeutel, auf dem das Teil lag, damit sie keine Spuren verwischte oder die Oberfläche mit ihren Fingerabdrücken kontaminierte. »Aber sie wurde natürlich modifiziert, damit das Pulver verschossen werden konnte. Wahrscheinlich hat der Pilot einen weiteren Controller für die Schießvorrichtung verwendet. Darum konnte er auch nicht schnell genug reagieren, als du mit der Schaufel danach geschlagen hast.«

»Kann man das nachverfolgen?«, wollte Peter wissen.

»Du meinst mit einer registrierten Seriennummer wie bei einer Waffe oder einem Auto?«

»Genau!«

»Tja. Normalerweise müsste auf der Drohne eine Plakette kleben, auf der Name und Adresse des Besitzers stehen. Aber hier, schaut mal …«, Lou drehte das Fluggerät ein wenig, sodass Tara und Peter die Stelle mit den Klebstoffresten am Rumpf besser sehen konnten.

»Abgeknibbelt«, stellte Peter fest.

Lou nickte. »Die Flight-Controller haben natürlich auch Seriennummern. Aber wenn du in einem Technikmarkt alles bar bezahlst, ist das kaum noch nachzuverfolgen.«

»Und warum hast du das Ding nicht zur Polizei gebracht?«, fragte Tara, die ebenfalls keine bequeme Position auf dem Sattel zu finden schien, wie Lou zufrieden feststellte. Es war schon etwas merkwürdig. Sie hatte sich mit ihrem illegalen »Job« bei Köcker ganz schön was eingebrockt. Der Hack gegen ihn war ihr erst nicht ganz geheuer gewesen. Sie hatte sich eingeredet, dass sie ihn nur Tara und Peter zuliebe gemacht hatte. Aber seitdem war ihr Leben besser. Außerdem hatte sie nach wie vor den Job in der Weiten Welt und sich zudem dazu durchgerungen, wieder in die Uni zu gehen.

»Ach, ich wollte das nicht so hoch aufhängen und erst eure Meinung hören.«

»Ich habe noch keine Meinung«, sagte Tara. »Aber eine Frage: Warum beschießt jemand Peter von einer Drohne aus mit pulverisierten Nüssen?«

Lou war verunsichert. Sollte sie etwas sagen? Bisher hatten Tara und Peter immer klare Vorstellungen davon gehabt, was sie für sie mit dem Computer tun sollte. Aber jetzt schien es so, als wäre sie, na ja, irgendwie gleichberechtigt. Daher holte sie tief Luft und sagte: »Unabhängig davon, ob Peter das Ziel war oder nicht, sehe ich zwei Möglichkeiten: Entweder es handelt sich um einen ziemlich spektakulären Streich, aber dann wäre das Nusspulver Zufall, was ich nicht glaube. Oder«, Lou machte eine kurze Pause, »ohne, dass ich jetzt als Verschwörungstheoretikerin dastehen möchte: Wir haben es hier mit einem Mordversuch an einem Allergiker zu tun.«

Tara sah zu Peter: »So kann man das sehen.«

»Kärr!«, sagte Peter. »Ich hatte gehofft, ihr hättet vielleicht noch andere Optionen im Köcher, auf die ich nicht gekommen bin.«

»Warum?«

»Weil ich nur aus einem Grund heute Morgen auf der Burg war: Ich habe meinem Kollegen Richard Goldstein geholfen, weil seine Mitarbeiterin krank war. Die beiden waren letztes Jahr mal kurz zusammen, aber irgendetwas stimmt da vorn und hinten nicht. Es geht das Gerücht um, er würde sie mobben und sie wäre deswegen ständig krankgeschrieben. Ich habe mit ihr auch schon zusammengearbeitet. Saskia ist eine ganz Liebe, wie man so schön sagt. Und wenn Goldstein schon das Wort Nuss hört, kriegt der Atemnot. Ich hab ihm auf einer Expedition zweimal 'ne Adrenalin-Spritze geben müssen.«

»Hast du ihn denn wenigstens verständigt?«, fragte Lou vorsichtig.

Peter schüttelte den Kopf. »Wie gesagt, ich wollte erst einmal hören, wie ihr das so seht.«

»Erstens: Abhängig davon, wem die Drohne gehört, könnte Peter wegen Sachbeschädigung Ärger bekommen«, sagte Tara zusammenfassend. »Und zweitens: Wenn das mit dem Mobben stimmt, hat die Frau schon genug Probleme. Wir reden mal mit ihr. Weißt du, wo sie wohnt?«

Ah, jetzt gehen sogar alle zusammen weg. Perfekt!

Und die Drohne lassen die einfach so liegen.

Warum machen die das ohne Polizei? Egal. Besser so!

Mit einem Schraubendreher müsste der Tür doch beizukommen sein.

Wer sagt es denn? Geht doch!

»Ich kann nicht mit dir sprechen, Peter. Tut mir leid.«

»Aber warum denn nicht?«

»Kann ich dir nicht sagen«, sagte Saskia zögernd.

»Ist es, weil Peter und Richard Kollegen sind?«, versuchte Tara es ganz sanft. Sie hatten entschieden, dass zwar eine Frau bei dem Gespräch dabei sein sollte, aber zu dritt bei Saskia aufzutauchen, könnte sie eventuell überfordern. Lou war sofort einverstanden gewesen.

Saskia nickte.

»Wir sind auf deiner Seite.«

»Aber niemand glaubt mir. Richard ist nach außen immer so charmant und nett und kompetent und …«

»Ich glaube dir. *Wir* glauben dir«, sagte Tara mit einem Blick hinüber zu Peter. »Und versprechen dir, dass wir nichts tun werden, was du nicht willst.«

Saskia schaute Tara lange an. Dann nickte sie. »Danke.« Anschließend erzählte sie Tara Wolf und Peter Falke ihre ganze traurige Geschichte. Und während Peters Kollegin ihnen ihr Herz ausschüttete, gewann Tara immer mehr den Eindruck, dass Saskia ihnen die Wahrheit sagte.

»Du hast eine Drohne?«, fragte Tara schon im Stehen.

»Ja, warum?«

»Das ist ja schon etwas Besonderes, oder?«

»Findest du? Ich hatte einfach mal Lust, in der Fotografie etwas Neues auszuprobieren. Vielleicht auch Videos zu machen.«

»Schöne Idee.« Tara zeigte auf die Rahmen mit den Fotografien an den Wänden. »Sind die alle von dir?«

Saskia nickte und fügte leise hinzu: »Eigentlich … war es Richards Idee.«

»Ja?«, sagte Lou Ritter nur, als sie Peter Falkes Anruf annahm.

»Es müsste Variante Nummer drei sein. Verschwörungstheoretisch und mobbingtechnisch auf ganz hohem Niveau.«

»Variante Nummer drei?«

»Ja, ganz fiese Geschichte.«

»Erzähl.«

»Vermutlich hat mein Kollege selbst den Angriff auf

mich geflogen, damit es so aussieht, als hätte Saskia ihn umbringen wollen.«

»So ein Arsch!«

»Wir sind jetzt auf dem Weg zu ihm.«

»Habt ihr Taras Kommissarfreund auch informiert?«

»Natürlich«, sagte Peter, und Lou konnte sein Lächeln hören. »Die Fingerabdrücke können wir ihm ja schlecht selbst abnehmen.«

Geschafft.

Wenigstens das war ihm heute gelungen. Er hatte seinen Quadrocopter wieder.

Die Verandatür war kein wirkliches Hindernis gewesen. Was war der Kollege Falke doch für ein gutgläubiger Typ. Dabei gab es allerhand Wertvolles in seinem Haus zu entdecken. Die gewaltige Johnny-Cash-Schallplattensammlung zum Beispiel. Platten, die vor 20 Jahren gekauft worden waren, wären heute allein deshalb viel wert, weil sie alt waren. Und heutzutage kostete eine Schallplatte doppelt so viel wie eine CD und das dreifache vom Download eines Albums. Richard Goldstein war selber ein Musikliebhaber. Allerdings bevorzugte er Barockmusik, vor allem, wenn sie auf Original-Instrumenten aufgeführt oder aufgenommen wurde.

Jetzt musste er nur noch eine gute Stelle finden, an der er die Drohne verschwinden lassen konnte. Sie durfte auf keinen Fall bei ihm gefunden werden, nachdem der perfide Plan sowieso schon als gescheitert angesehen werden konnte.

Er kannte sich gut aus in Lippe. Wusste, wo es einsam war, sodass man etwas vergraben oder versenken konnte. Er ging seine Optionen durch: Die moorigen Bentteiche im Furlbachtal 39 waren ihm nicht tief genug, und den Copter im Sennesand des Augustdorfer Dünenfelds 40 zu vergraben, erschien ihm zwar möglich, aber zu umständlich. Dann hatte er es: Der Haverkampsee in der Nähe des Jagdschlosses Oesterholz 41 war der richtige Ort, um sein mit einem Stein beschwertes Fluggerät zu versenken. Zur richtigen Tageszeit war dort auch nicht besonders viel los, und die Familien, die mit ihren verzogenen Bälgern am Wochenende einen Ausflug zum archäologischen und landschaftskundlichen Lehrpfad Oesterholz 42 machten, verirrten sich auch nur selten dorthin.

Ein bisschen Zeit hatte er noch. Genug, um die Reste der Nusspulverpackung das Klo runterzuspülen. Jetzt hatte er wieder gute Laune. Zog sich Handschuhe an und ging in den Keller, die Packung holen. Den Mundschutz hatte er getragen, als er das Pulver umgefüllt hatte. Den brauchte er jetzt nicht.

Als er wieder nach oben gehen wollte, blieb er, die Packung in der Hand, mit dem Fuß an der untersten Kellertreppenstufe hängen. Um sich abzufangen, warf er instinktiv die Packung nach vorn, die Treppenstufen hinauf. Nusspulver erfüllte die Luft.

Während seine Lunge krampfte, dachte er noch an die Autoinjektoren, die er im Obergeschoss in seinem Apothekerschränkchen und vorsichtshalber in einer Nachttischschublade verstaut hatte. Es war weit bis dorthin. Zu weit.

Detmold
Allgemeine Informationen und weitere Freizeittipps in Kapitel 2 »Wolfslied«.

31 **Adlerwarte Berlebeck**
Spannende Einblicke in das Leben von Greifvögeln bietet die sowohl älteste (1939 gegründet von Kati und Adolf Deppe) als auch artenreichste (derzeit 48 Arten) Greifvogelwarte Europas. Zwischen den 1950er- und 1970er-Jahren finanzierte sich die Adlerwarte unter anderem durch Mitarbeit an diversen Filmproduktionen in Hollywood: der ersten Fassung der »Geierwally« (1956) oder einem Winnetou-Dreh mit Pierre Brice (1929–2015) und Lex Barker (1919–1973).
Es werden diverse Freiflugvorführungen angeboten, in Großvolieren können zum Beispiel Anden-Kondore bewundert werden, für Kinder gibt es einen Streichelzoo sowie ein Spielgelände. Für weiterführende Infos über die Adlerwarte und den wichtigen Artenschutz steht das Lehr- und Informationszentrum auf dem Gelände zur Verfügung. Der Adlerwarte in Berlebeck ist unter anderem die Wiedereinbürgerung des Uhus in Deutschland zu verdanken.
Zwei Stunden sollten Sie mindestens einplanen. Bei großem Interesse und/oder mit kleinen Kindern kann es schnell ein ganzer Vor- oder Nachmittag werden. Der Parkplatz befindet sich an der Hangsteinstraße.

32 Romanische Kirche und Vogelpark in Heiligenkirchen

Im Detmolder Ortsteil Heiligenkirchen gibt es gleich zwei Highlights zu entdecken.

In der Zeit zwischen dem 11. und dem 16. Jahrhundert änderte sich der Name des Ortes von »Bei der Kirche der Heiligen« über »Bei der heiligen Kirche« zu »Heiligenkirchen«, wobei es sich bei den Heiligen vermutlich um die Schutzpatrone Cosmas und Damianus gehandelt haben dürfte. Zwischen 770 und 1050 dürfte sich an der Stelle, wo heute die Kirche steht, ein vorromanischer, steinerner Saalbau befunden haben. Die »Kirche der Heiligen« entstand anschließend zwischen dem 13. und 15. Jahrhundert mit Turm, romanischem Langhaus mit gotischem Gewölbe, Seitenschiff und Chor (Kirchweg 16).

Der Vogelpark Heiligenkirchen (Ostertalstraße 1, Anfahrt über die Denkmalstraße) unterhalb des Hermannsdenkmals 33 ist ein Freizeitparadies für Groß und Klein. In großen Volieren und Freigehegen gibt es schwerpunktmäßig Vögel, aber auch zahlreiche Säugetierarten zu bestaunen. Ein besonderes Erlebnis wird an der Streichelwiese für Papageien geboten: Wenn Sie einem Papagei ganz nahe kommen möchten, können Sie sich hier einen Ara oder Kakadu auf die Schulter setzen lassen. Weitere Highlights des Parks: die Tierpfleger beim Füttern beobachten, sich im großen Spielbereich auf Trampolins vergnügen oder in der Sandoase auf Schatzsuche begeben.

33 Hermannsdenkmal

Auf dem 386 Meter hohen Teutberg, der auch als Grotenburg bezeichnet wird, erhebt sich innerhalb der eisenzeitlichen Ringwallanlage »Großer Hünenring« das Wahrzeichen des gesamten Lipperlandes und des Teutoburger Waldes: das Hermannsdenkmal. Die Zufahrt erfolgt auf der L828 alternativ über die Detmolder Ortsteile Hiddesen oder Heiligenkirchen. Das Denkmal weist überwiegend gotische Elemente auf und erinnert an den Cheruskerfürsten Arminius beziehungsweise die Varusschlacht im Jahre 9 nach Christus. In Unterzahl schlugen Arminius und seine Mannen durch pfiffige Kriegsführung den römischen Feldherrn Publius Quinctilius Varus, der drei Legionen mit zirka 15.000 Mann befehligte. Damit endete die Eroberung weiterer germanischer Teile für das damalige Römische Reich östlich des Rheins.
Insgesamt 53,46 Meter misst das gesamte Bauwerk und wurde als Lebenswerk Ernst von Bandels im August 1875 fertiggestellt, also einen Monat vor Baubeginn der Freiheitsstatue (93 Meter) in New York/ USA.
Die große Befestigungsanlage ist datiert auf das 3. Jahrhundert vor Christus. Flache Wallreste sind vereinzelt im Gelände noch zu erkennen – wie die Befestigung vermutlich einmal ausgesehen hat, kann man an einer maßstabsgetreu rekonstruierten Palisadenbefestigung erkennen.
Ein kleinerer Hünenring aus dem 10. Jahrhundert befindet sich etwa 300 Meter unterhalb der Grotenburg. Er kann durch ein noch erkennbares Tor betreten werden.

Am direkten befestigten Weg vom Parkplatz zum Hermannsdenkmal liegt der Hochseilgarten »Teuto-Kletterpark« (Grotenburg 50).
Etwas unterhalb des Hermannsdenkmals, aber mit Blick auf das Monument, befindet sich die Waldbühne (Grotenburg 50). Sie bietet in den Sommermonaten Open-Air-Veranstaltungen, darunter Mondscheinkino, Konzerte oder Comedy.
Das »Walk« Kompetenzzentrum Wandern (Grotenburg 52) bietet Informationen über alles, was im Teutoburger Wald mit Wandern zu tun hat.
Auch für Mountain-Biker ist gesorgt: Eine steile Teilstrecke des Hermannsweges 35 wurde unterhalb des Denkmals zur ersten legalen Downhill-Strecke in Ostwestfalen-Lippe umgebaut. Der Qualitätswanderweg führt nun in einem etwas weiteren Bogen um den Berg herum.

34 Donoper Teich

Ein wunderbares Wandergebiet befindet sich rund um den Donoper Teich (Parkplatz-Adresse: Stoddardsstraße/Donoper Teich bzw. Stoddardstraße 336). Vom Parkplatz aus gelangt man zum Donoper Teich und wandert dann auf dem Hermannsweg (35 – Kennzeichen »H«) bzw. auf den Wanderwegen A7, A9 oder K1 am Hasselbach entlang Richtung Süd-Osten zum Krebsteich und zum Hochmoor Hiddeser Bent, dem letzten lebendigen Hochmoor im Teutoburger Wald. Zudem finden sich um den Donoper Teich – allerdings nicht immer auf den ersten Blick erkennbar – Grabhügel beziehungsweise Grabhügelgruppen aus der älteren Bronzezeit.

Alle, die noch mehr wollen, können selbstverständlich auch per pedes den Aufstieg zum Hermannsdenkmal wagen, oder den Weg Richtung Norden nach Pivitsheide V. L. (Vogtei Lage) zum Hasselbachteich einschlagen.

35 Fernwanderweg Hermannshöhen und Eggeweg

Der Fernwanderweg Hermannshöhen führt über insgesamt 226 Kilometer von Rheine an der niederländischen Grenze bis nach Marsberg im Sauerland. Dabei handelt es sich um zwei ineinander übergehende historische Kammwege, die zu den Top Trails of Germany gehören: der Hermannsweg (gekennzeichnet mit einem großen »H«, zirka 156 Kilometer) und der Eggeweg (gekennzeichnet mit einem großen »X«, zirka 70 Kilometer). Zu Beginn des letzten Drittels wird Lippe durchquert, wo der Hermannsweg endet und mit dem Lippischen Velmerstot (441 Meter) 85 als erster Gipfel des Eggeweges dessen Beginn markiert.
Hinweis: Einige Etappen verlaufen so auf den Kammrücken, dass es kaum Einkehrmöglichkeiten gibt. Vorher gut informieren (beispielsweise unter www.hermannshoehen.teutoburgerwald.de) und eigenen Proviant mitnehmen.

36 Hermannslauf

Für begeisterte Läufer ist der Hermannslauf das Top-Ereignis im Wettkampfjahr. Ein anspruchsvolles Profil führt jeweils am letzten Aprilsonntag auf 31,2 Kilometern Länge vornehmlich entlang des Hermannsweges 35 vom Hermannsdenkmal 33 über den

Tönsberg 45 und Oerlinghausen bis zur Sparrenburg nach Bielefeld.

37 Leistruper Wald

Sie gelangen zum Waldparkplatz Leistruper Wald im Ortsteil Diestelbruch, indem Sie von der K91 (Bad-Meinberger-Sraße) in Diestelbruch in die Leistruper-Wald-Straße einbiegen und bis zum Waldparkplatz fahren.
Der Rundwanderweg A1 (zirka 4 Kilometer) führt durch wunderbar lichte Buchenwälder, deren frisches Grün besonders im Frühjahr die Laune hebt. Der Weg führt teilweise am Waldrand entlang und eröffnet manch weiten Blick auf die sanften Hügel des lippischen Berglandes.
Durch einige Steinsetzungen und Opfersteine sowie ein Steinhügelgrab umgibt den Wald eine geheimnisvolle Aura. Bei einer Wanderung im Uhrzeigersinn vom Parkplatz aus auf dem A1 befinden sich die Opfersteine nach dem ersten Drittel des Weges rechts im Wald. Das Hügelgrab liegt kurz vor der Rückkehr zum Parkplatz auf der linken Seite.

38 Falkenburg

Die Falkenburg liegt ein wenig außerhalb von Detmold in süd-westlicher Richtung oberhalb von Berlebeck und stellt für Lippe das vermutlich wichtigste Baudenkmal dar. Die Planung und der spätere Baubeginn (1194) fallen zeitlich mit der Stadtgründung Lemgos (1190) zusammen, sodass diese Ereignisse gemeinsam als die Geburtsstunde zunächst des Hauses und dann des späteren Fürstentums und Kreises Lippe gelten können.

Bernhard II. (1140–1224) ließ die trutzige Höhenburg gemeinsam mit seinem Sohn Hermann II. (etwa 1175–1229) als eine der mächtigsten Burganlagen Westfalens errichten. Auf dem 369 Meter hohen Falkenberg gelegen, wurde die Burg zwar oft belagert, jedoch niemals eingenommen. Insofern ist es einigermaßen paradox, dass das Unheil von innen kam: Aktuelle Grabungsergebnisse legen nahe, dass es 1453 bei den Vorbereitungen zu einem Fest zur Freude über einen erfolgreichen Raubzug zu einem Feuer in der Küche kam. Große Teile der Burg wurden stark beschädigt.
Da die Burg Anfang des 16. Jahrhunderts verlassen wurde, gab es in der Folgezeit keine baulichen Veränderungen, sodass die archäologischen Untersuchungs- und Sanierungsarbeiten nach und nach einmalige Nachweise und Baustrukturen einer hochmittelalterlichen Adelsburg zutage fördern.
Nach wie vor ist die Falkenburg eine archäologische Grabungs- und Baustelle, sodass eine Besichtigung nur im Rahmen einer Führung möglich ist. Nähere Informationen dazu gibt es unter www.falkenburg-lippe.de.

AUGUSTDORF

Der Ort wurde nach Graf Simon August zur Lippe (1727–1782) benannt, der das Dorf 1775 gründete. Augustdorf liegt westlich von Detmold und ist ein wunderbarer Ort für Naturfreunde, da man von hier aus die weite Sennelandschaft – sandiger Boden mit Heide, Magergras und urigen Wäldern – bis hinauf zu den Hermannshöhen auf reizvollen Wander- und Radwegen erkunden und genießen kann. Hier ist auch die Heimat der ältesten Pferderasse Deutschlands: der Senner Pferde.

Einen Teil der Sennelandschaft beansprucht der Truppenübungsplatz einer der größten Bundeswehrgarnisonen Deutschlands – die Generalfeldmarschall-Rommel-Kaserne.

Weitere Infos zum Ort und zur Landschaft sowie zu Führungen und Veranstaltungen:

Gemeindeverwaltung Augustdorf
Pivitsheider Straße 16
32832 Augustdorf
Telefon: 05237 97100
Mail: info@augustdorf.de
www.augustdorf.de

39 **Furlbachtal**

Das Naturschutzgebiet Furlbachtal liegt südöstlich von Augustdorf und ist am besten durch einen kurzen Ausflug in den benachbarten Kreis Gütersloh zu erreichen (Navigationsadresse: Mittweg, Schloß Holte-Stukenbrok – bis zum Wasserwerk fahren, dort befindet sich der Wanderparkplatz mit Infotafel. Etwa 100 Meter östlich startet der Wanderweg A3). Das Furlbachtal ist sehr tief in die Sennelandschaft eingeschnitten, sodass man einmal direkt am Bach, ein anderes Mal fast zehn Meter oberhalb auf dem kleinen Rundwanderweg A3 gegen den Uhrzeigersinn wandert. Ein wildromantisches Erlebnis zu jeder Jahreszeit, für das man besonders im ersten Teil festes Schuhwerk benötigt.

Zwischendurch lohnt ein Abstecher zu den geheimnisvollen schwarzen Bentteichen, die als Moortümpel ein hochmoortypisches Artenspektrum bieten.

40 **Augustdorfer Dünenfeld**

Eine der ältesten Binnen-Dünenlandschaften befindet sich am Westrand von Lippe in der Gemeinde Augustdorf und ist ein absoluter Geheimtipp für Naturfreunde. Der Teutoburger Wald und das Eggegebirge sind das Ergebnis einer Auffaltung, durch die Sandsteinschichten senkrecht gestellt wurden. Dies kann man beispielsweise an den Externsteinen **87** erkennen. Nach und nach wurde der Sand von den Bergen südwestlich in das Flachland gespült. Es entstand

ein großes Sandgebiet, die heutige Senne – ein rund 350 Quadratkilometer großer Landschaftsschutzraum mit Heide- und Magergrasflächen, Wäldern und Bächen. Die Sennesande sind im Mittel zwischen 20 und 40 Metern mächtig. Grabungen haben ergeben, dass es teilweise noch dickere Stellen gibt.
Der sechs Kilometer lange Rundwanderweg startet am Parkplatz »Heidehaus« (Dachsweg 1, Augustdorf). Da die gesamte Senne von vielen Wegen durchzogen ist, dienen als Orientierung für den »Rundwanderweg Augustdorfer Dünenfeld« Quader auf dem Boden, die durch Fräsungen die Richtung weisen. Zirka auf der Hälfte des Weges lohnt sich ein Abstecher in die Weidekoppel, die mit Exmoor-Ponys (siehe auch Wistinghauser Senne 50) beweidet wird. Verhält man sich ruhig und hat ein wenig Glück, kann man die Ponys mit dem dunklen Fell zwischen Bäumen oder auf der Heidefläche erspähen. Wichtig: unbedingt wieder auf den Ursprungsweg zurückkehren.

SCHLANGEN

Schlangen ist ein sehr alter Ort, wie zahlreiche urgeschichtliche Funde belegen. Ab zirka 8000 vor Christus begann die Besiedelung. Die Anfänge von Ackerbau und Viehzucht lassen sich ab zirka 3000 vor Christus nachweisen.

Schlangen liegt im Südwesten Lippes an der Grenze zu Paderborn/Bad Lippspringe und erhält seinen Reiz durch eine landschaftliche Vielfalt zwischen Senne und den Höhenzügen des Teutoburger Waldes.

Weitere Infos zum Ort sowie zu Führungen und Veranstaltungen:

Schlangen Tourist-Information Gemeindeverwaltung
Kirchplatz 6
33189 Schlangen
Telefon: 05252 981101
Mail: info@gemeinde-schlangen.de
www. gemeinde-schlangen.de

41 Haverkampsee und Jagdschloss Oesterholz

Ein wunderschöner Spaziergang startet am Wanderparkplatz Haverkampsee (liegt direkt an der L937 schräg gegenüber der Straßeneinmündung Finkenkrug). Wenn Sie dem Wanderweg A2 folgen, kommen Sie schon bald an eine Brücke, die einen kleinen Bachlauf überquert – ein Spielparadies für kleinere Kinder, allerdings sollte man an Gummistiefel denken. Der weitere Verlauf des Weges führt an der Grenze zum Truppenübungsplatz vorbei auf das Jagdschloss Oesterholz zu.

Von der ursprünglich vierflügeligen, von Gräften umgebenen Barock-Anlage (erbaut 1597–1599), die als Nachfolger einer mittelalterlichen Meierei gebaut wurde, stehen heute noch ein Fachwerkwohnhaus mit Krüppelwalmdach, das beeindruckende Eingangsportal sowie einige Mauerreste. Das Schloss wurde für Graf Simon VI. zur Lippe (1554–1613) erbaut, und die Fürstenallee stellt die herrschaftliche Zufahrt dar. Für den Rückweg empfiehlt sich der Wanderweg A1 zurück zum A2 durch lichten Wald mit kleinen Bächen und Teichen.

42 Archäologischer und landschaftskundlicher Lehrpfad Oesterholz

Um zirka 3000–1000 vor Christus siedelten Ackerbauern in der Sennelandschaft südlich des Teutoburger Waldes. Ihre Toten wurden zu der Zeit mit Beigaben in Hügelgräbern in der Nähe der jeweiligen

Siedlungen bestattet. In Lippe datiert die Bronzezeit von etwa 1700–700 vor Christus, wobei die großen Hügelgräber aus dem älteren Abschnitt der Bronzezeit stammen. In der jüngeren Bronzezeit waren Urnenbestattungen in Flachgräbern üblich.

Insgesamt acht Stationen geben durch eine sorgfältige Illustration und Beschilderung einen spannenden Einblick in das Zeitalter der Bronzezeit und bronzezeitliche Bestattungen.

Der Lehrpfad ist über die Fürstenallee (L937 zwischen Detmold und Schlangen) zu erreichen, von dieser biegen Sie in die Heidestraße ab und können am Ende der Straße parken.

WOLFSATEM

Ein Kurzkrimi zum selber basteln:

Scheinbar friedlich lag das Bergstädtchen Oerlinghausen da. Früh am Morgen kuschelten sich die alten Bürgervillen und Handwerkerhäuser entlang der steilen Gassen mit Bruchsteinmauern noch in den dichten Nebel. Weiße Wolken waberten durch das Schopketal, und das Ärchäologische Freilichtmuseum 43 wirkte, als schliefen die Winkingerhorden noch und die Siedlung erwachte jeden Moment zum Leben. Bald schon würden die ersten Segelflugzeuge vom Luftsportzentrum Oerlinghausen 44 abheben und ihre Piloten die abwechslungsreiche Aussicht über Ostwestfalen mit Oerlinghausen als Spielzeugstadt unter sich genießen. Nur oben auf dem Tönsberg 45 kitzelte die Sonne bereits die Spitze der Kumsttonne 46. Der flügellose Windmühlenstumpf warf einen scharfen Schatten gen Westen.

Doch der idyllische Schein trog.

Bereits zu dieser frühen Stunde stritten sich hinter den gutbürgerlichen Fassaden *a*.......................

a.1 gecastete Vollidioten im Trash-TV über ungewollte Schwangerschaften
a.2 frustrierte Rentnerehepaare um die letzte Scheibe Mettwurst
a.3 süße Kätzchen um den besten Platz auf der Couch
a.4 Teenager um den Familienföhn
a.5 die Körperteile eines Midlife-Crisis-gebeutelten Mittvierzigers, wer wohl der Boss von ihnen sei

Von all dem völlig unbeeindruckt, stand *b*...................... hinter *c*...................... und beobachtete *d*......................

b.1 der Sniper
b.2 der Hausmeister
b.3 der Fernsehmoderator
b.4 der Spanner
b.5 Gollum

c.1 der Tönskapelle 47
c.2 der ehemaligen Synagoge 48
c.3 dem Verpflegungswagen
c.4 den Dixi-Klos
c.5 der Haustür

d.1 dich
d.2 Carrie
d.3 den Friedhof der Kuscheltiere
d.4 den Gartenzwerg
d.5 die Joggerin

Seit Florian Dreier im April den Hermannslauf in einer guten Zeit gefinisht hatte, war keine Zeit für einen weiteren Wettkampf gewesen. Er hatte auch keine Nerven dafür gehabt, nachdem er seinen Partner Angus Buchanan durch ein brutales Verbrechen verloren hatte. Doch nun war Florian heiß auf die kürzere Distanz heute. Bergige Strecken lagen ihm.

In den letzten Jahren hatten sie solche Läufe oft zu dritt bestritten. Florian wusste jedoch nicht, ob Tara Wolf heute auch dabei sein würde. Er hatte es immer wieder aufgeschoben, sie zu fragen. Sie würde nur wieder wissen wollen, ob er mit den Ermittlungen zu Angus' Tod weitergekommen war. Aber er trat auf der Stelle. Irgendwo ganz oben blockte jemand ganz massiv. Und Florian hatte bisher noch keinen Hebel gefunden.

Vor dem Start war er noch für einen Moment in die friedliche Stille des Jüdischen Friedhofs 49 eingetaucht. Das gab ihm Kraft.

e.1 gierigen
e.2 lechzenden
e.3 interessierten
e.4 abschätzenden
e.5 stechenden

Er lockerte seine Muskeln und ging in Richtung Startplatz. In Konzentration versunken bemerkte Florian die *e*...................... Blicke nicht, die ihm aus einem dunklen Augenpaar zugeworfen wurden und ihn verfolgten.

Als sich Florian auf dem Starterfeld in der Tönsbergstraße einfand, entdeckte er Tara. Er winkte ihr zu, aber sie beugte sich im selben Moment nach unten, vermutlich um die Schnürung ihrer Schuhe zu überprüfen.

b.1 der Sniper
b.2 der Hausmeister
b.3 der Fernsehmoderator
b.4 der Spanner
b.5 Gollum

f.1 den Startschuss
f.2 freies Schussfeld
f.3 eine wichtige Nachricht
f.4 ein Selfie von der Schwiegermutter via Instagram
f.5 Frodo Beutlin

Niemand ahnte etwas, doch *b*...................... hatte sich bis auf Sichtweite den Läuferinnen und Läufern genähert, die dem Start entgegenfieberten. Gleich war es soweit. Er wartete nur noch auf *f*......................

g.1 erschießen
g.2 beißen
g.3 interviewen
g.4 begrüßen
g.5 schubsen

h.1 den Sniper
h.2 den Hausmeister
h.3 den Fernsehmoderator
h.4 den Spanner
h.5 Gollum

Kurz nach dem Start, die Läufer waren noch auf der Hauptstraße unterwegs, wurde er urplötzlich aktiv und versuchte, den Läufer neben Florian zu *g*...................... Aber nicht mit Florian.

Geistesgegenwärtig rempelte dieser *h*...................... aus vollem Lauf an. Der strauchelte daraufhin zwar kurz, verschwand dann jedoch mit *i*…………………… in Richtung *j*……………………

Darum war es also die ganze Zeit gegangen. Florian Dreier entdeckte das Ziel, das *b*…………………… die ganze Zeit im Visier gehabt hatte: *k*…………………… Und nun verstand er auch die ganze Aufregung.

»Wow«, sagte Tara, die während des Tumultes zu Florian herübergekommen war. »Gute Arbeit!«

i.1 Stephen Kings Christine
i.2 einem Instagram-Foto der Schwiegermutter
i.3 hoher Geschwindigkeit
i.4 wütendem Blick
i.5 einem gewaltigen Knall

j.1 Wistinghauser Senne 50
j.2 Ziegeleimuseum Lage 51
j.3 Zuckerfabrik Lage 52
j.4 Friedhof der Kuscheltiere
j.5 Klo

b.1 der Sniper
b.2 der Hausmeister
b.3 der Fernsehmoderator
b.4 der Spanner
b.5 Gollum

k.1 dich
k.2 Stephen King
k.3 Gandalf
k.4 Tara Wolf
k.5 die Biene Maja

OERLINGHAUSEN

Der historische Stadtkern von Oerlinghausen wurde terrassenförmig am Hang des Tönsbergs angelegt und folgt somit dem Verlauf des Teutoburger Waldes, dessen Gebirgszug hier einen tiefen Einschnitt aufweist. Auf zahlreichen örtlichen Wanderwegen können Sie hervorragend die Landschaft bis in die Senne hinein erkunden und genießen: Wald, Berg und Senne – eine überaus reizvolle Kombination, die einen ausgiebigen Besuch lohnt!

Auf dem Rücken des Tönsberges **45** als Teil der Hermannshöhen verlaufen die Fernwanderwege Hermannsweg (35 – Kennzeichen »H«) und Lönspfad (Kennzeichen »X10«). Aber auch Radfans kommen hier voll auf ihre Kosten, beispielsweise auf den Radwanderwegen OE1 und OE2 oder durch den Anschluss an den Fernradweg R1, der auf 3.500 Kilometern Länge Calais mit St. Petersburg verbindet.

Oerlinghausen wurde als »Orlinchusen« bereits 1036 urkundlich erwähnt. Ausgrabungen zeigen deutliche Siedlungsspuren aus Vor- und Frühgeschichte. In der alten Weberstadt Oerlinghausen gibt es aber auch heute viel zu entdecken.

Ergänzende Infos zur Stadt sowie zu Führungen, Veranstaltungen und weiteren touristischen Angeboten:

Stadt Oerlinghausen
Rathausplatz 1

33813 Oerlinghausen
Telefon: 05202 493-0
Mail: info@oerlinghausen.de
www.oerlinghausen.de

Randnotiz

Bekannteste »Kinder« der Stadt sind die Frauenrechtlerin und Rechtshistorikerin Marianne Weber (1870–1954; Ehefrau von Nationalökonom Max Weber (1864–1920)) sowie der Soziologe, Philosoph und Gesellschaftstheoretiker Niklas Luhmann (1927–1998).

43 Archäologisches Freilichtmuseum

1,5 Hektar lebendig gewordene Archäologie – ein perfektes Ausflugsziel für die ganze Familie. Über die gesamte Sommersaison bietet das Freilichtmuseum (Am Barkhauser Berg 2–6) in sechs Baugruppen vom Sommerlager eiszeitlicher Rentierjäger bis zur frühmittelalterlichen Hofanlage spannende Einblicke in den Alltag des ursprünglichen Zusammenlebens. Alte Tierrassen und spezielle Versuchsgärten zeigen das Verhältnis des Menschen zu seiner Umwelt in verschiedenen Epochen. Zahlreiche Sonderveranstaltungen, Seminare und erlebnispädagogische Angebote laden über die gesamte Sommersaison zum Mitmachen und Miterleben ein, zum Beispiel an den Steinzeit-Tagen, den Wikinger-Tagen oder bei Vorführungen zu alten Handwerkstechniken wie dem Bogenbau.

44 Luftsportzentrum Oerlinghausen

Am Rand der Senne (Stukenbroker Weg 43) kann man hervorragend abheben! Ob mit dem Segelflugzeug, Motorsegler, Ultraleicht-, Motor- und Modellflugzeug, Hubschrauber, Drachen, Gleitschirm oder Ballon – mit rund 25.000 Segelflugstarts pro Jahr ist der Flugplatz in Oerlinghausen weltweit Spitzenreiter. Große und kleine Flugbegeisterte kommen hier voll auf ihre Kosten – als Aktive oder als Zuschauer, die das abwechslungsreiche Treiben auf sich wirken lassen wollen.

45 **Tönsberg**

Der Hausberg von Oerlinghausen (334 Meter über dem Meeresspiegel) erhebt sich über der Wistinghauser Schlucht als Teil des Höhenzuges Teutoburger Wald. Von der Stadt aus bietet sich eine kleine Wanderung auf dem Kammweg an, beginnend bei der Kumsttonne **46**, vorbei am Ehrenmal für gefallene Soldaten im Ersten Weltkrieg und dem Denkmal für den Heimatdichter und Naturforscher Hermann Löns bis zur Tönskapelle **47** am Osthang des Berges. Hier können auch zahlreiche Wall- und Grabenanlagen der ehemaligen Wallburg (»Sachsenlager«) als Bodendenkmal entdeckt werden. Der Nachbau einer vollständigen Wallanlage befindet sich im Archäologischen Freilichtmuseum **43**.

Der Name Tönsberg leitet sich vom heiligen Antonius (zirka 251–356) ab, dem als Schutzheiligen der Bauern, Nutztiere, Schweinehirten und Metzger die Kapelle gewidmet war.

46 **Kumsttonne**

Bei dem bruchsteinernen Rundbau handelt es sich um den Rumpf einer 1753 in Betrieb genommenen Windmühle. In den Folgejahren gab es einiges Hin und Her um die Betreibungsgenehmigung, bevor im Jahr 1845 bei einem Sturm die Flügel abgerissen wurden. Anschließend entschied sich der Besitzer, den Standort oben auf dem Tönsberg aufzugeben, unter anderem, weil die An- und Abfahrt recht umständlich war.

Seither fehlen der Windmühle die Flügel und sie wurde durch ihr fassartiges Aussehen zum Oerlinghauser Wahrzeichen: zur Kumst(= Kohl oder Sauerkraut)tonne.

47 Tönskapelle

Inmitten der alten Festungsanlage liegt die Antonius- oder Tönskapelle, die bis ins 16. Jahrhundert als Wallfahrtskapelle diente. Sie wird auch als »Hünenkapelle« bezeichnet. Das Original des in der geosteten Kirchenruine stehenden Holzkreuzes lagert seit 1548 in der Krypta des Paderborner Doms.
Nachdem im 16. Jahrhundert die Kapelle größtenteils abgetragen wurde, da das Steinmaterial für den Ausbau einer Hofanlage genutzt wurde, entstand im 19. Jahrhundert ein Nachbau der Kapelle.
Ein ausgeschilderter Abzweig vom Hauptweg A5 führt direkt zur Kapelle. Ein großartiger Blick über den Teutoburger Wald eröffnet sich jedem, der im Osten hinter der Kapelle aus dem Wald tritt.

48 Ehemalige Synagoge

Die Synagoge (Tönsbergstraße 4) entging der Zerstörung durch die Nationalsozialisten, weil das Gebäude bereits im Juli 1938 von der jüdischen Gemeinde verkauft wurde (siehe dazu den Tipp zur Synagoge in Blomberg 62). Sie dient heute als Ausstellungsraum des Kunstvereins Oerlinghausen.

49 Jüdischer Friedhof

Nur wenige Schritte oberhalb der Synagoge gelangen Sie an ein altes Eisentor, dem Eingang zum jüdischen Friedhof. Die knapp 700 Quadratmeter große Anlage darf besucht werden und befindet sich – was in diesem Kontext außergewöhnlich ist – innerhalb der Stadtgrenzen. Die ältesten erhaltenen Grabsteine datieren aus dem 18. Jahrhundert.

50 Wistinghauser Senne mit Exmoor-Ponys und Schottischen Hochlandrindern (siehe auch Augustdorfer Dünenfeld 40)

Ein Muss für Naturfreunde ist ein Ausflug in die Wistinghauser Senne. Im Rahmen der Renaturierung wurde hier mit einer umzäunten Waldweide ein vielfältiger Lebensraum für Pflanzen und Tiere geschaffen. Der lichte Wald wird von Exmoor-Ponys und Schottischen Hochlandrindern beweidet – das Durchwandern wird zu einem einzigartigen Erlebnis, wenn man innerhalb des Weidezaunes auf die friedliebenden Tiere trifft.

Es empfiehlt sich, sich vorher einen Plan mit den Wanderwegen durch die verschiedenen Koppeln herunterzuladen (»Wanderwege durch die Wistinghauser Senne«). Dort sind auch zwei Parkmöglichkeiten eingezeichnet (Navigation: »Sennestraße« oder Navigation: »Wistinghauser Senne«, fahren Sie die Robert-Kronfeld-Straße am Segelflugplatz vorbei bis zum Ende und parken links auf dem Parkplatz der Flugschule; gehen Sie nun die Anliegerstraße »Wistinghauser Senne« in den Wald hinein, bis Sie die eingezäunte Koppel durch ein Tor betreten).

LAGE

Das Leben in der Kleinstadt Lage war ehemals stark verbunden mit der Landwirtschaft der Gegend sowie der Ziegelherstellung. Heute prägen die Türme der Zuckerfabrik das Stadtbild.

Der nahegelegene Luftkurort Lage-Hörste bietet verschiedene, auch thematische Rundwanderwege mit Streckenführungen zwischen 4 und 12,5 Kilometer. Auch der Hermannsweg 35 durchquert die abwechslungsreiche Landschaft. Bevor man sich auf Schusters Rappen begibt, ist es hilfreich, sich den Flyer »Wandern in Lage-Hörste« als Print oder Download bei der Touristinformation zu beschaffen.

Unter Leichtathleten genießt die LG Lage einen hervorragenden Ruf.

Mehr Infos zur Stadt sowie zu Führungen, Veranstaltungen und weiteren touristischen Angeboten:

Touristinformation Lage
Freibadstraße 3
32791 Lage
Telefon: 05232 8193
Mail: verkehrsamt@lage.de
www.lage.de

51 **Ziegeleimuseum Lage**

Im Ortsteil Sylbach gründete Gustav Beermann im Jahr 1909 die Ziegelei direkt neben einer ergiebigen Lehmgrube. Das Lehmvorkommen reichte bis Mitte der 1970er-Jahre und auch der Wettbewerb wurde immer härter, sodass die Ziegelei 1979 die Produktion einstellte. Heute ist das Ziegeleimuseum Lage (Sprikernheide 77) Teil des Westfälischen Landesmuseums für Industriegeschichte, das insgesamt aus 8 Standorten besteht.

Die Dauerausstellung informiert über die Ziegelproduktion (von der Handarbeit bis zur maschinellen Herstellung) und das Wanderzieglerwesen.

Wer gerne selbst aktiv wird, kann an einem der zahlreichen Kreativ- und Erlebnisangebote für alle Altersgruppen (Familien, Schulklassen, Erwachsene, Senioren, Menschen mit Behinderungen) teilnehmen – eine spannende Zeitreise inklusive.

52 **Zuckerfabrik Lage**

Die Zuckerfabrik (Heidensche Straße 70) wurde in Lage bereits 1893 gegründet und gehört heute zur Kölner Pfeifer & Langen-Gruppe. In Lage können während der sogenannten Kampagne 7.500 Tonnen Rüben pro Tag aus einem riesigen Einzugsgebiet verarbeitet werden. Die Kampagne startet im September mit Beginn der Zuckerrübenernte und dauert etwa 100 Tage. In dieser Zeit sind auf Lippes Straßen Traktoren und Lkw mit extrahohen Hängern unterwegs.

Wer eine ganz besondere Werksführung erleben möchte, kann dies mit der Familie, dem Freundes- oder Kollegenkreis von Oktober bis Dezember planen. Auch Schülergruppen ab der 9. Jahrgangsstufe sind willkommen.

WOLFSBALL

Tara Wolf war ein neugieriger Mensch. Dennoch fühlte sie sich in einem neuen Umfeld oder einer unbekannten Situation stets ein wenig unwohl. Ihre eigene Unsicherheit ärgerte sie.

Nun also Golf.

Ausgerechnet sie. Ausgerechnet Golf.

Nicht, weil sie sich diesen Sport ausgesucht hätte. Es ging um einen guten Zweck. Ein Benefiz-Spiel, zu dem sie von Landgerichtspräsident Claas Bauerrichter eingeladen worden war. Eine von diesen Einladungen, bei denen es zu einer Zusage keine Alternative gibt. Mit einem horrenden Startgeld, das zum großen Teil einem Kinderhilfsprojekt zu Gute kommen sollte.

Gesellschaftliche Konventionen mochte sie nicht. Einladungen, die man nicht ablehnen konnte, ebenso wenig. Tara spendete gern für Projekte, die sie sinnvoll fand und über die ihr ausreichend Hintergrundinformationen zur Verfügung standen. Charity-Veranstaltungen waren im Gegensatz dazu überhaupt nicht ihr Ding.

Das war mehr etwas für, nun ja, Gattinnen. Und sie war alles andere als eine Gattin. Hatte erstens selber einen Job und war zweitens – wieder einmal stiegen ihr bei dem Gedanken Tränen in die Augen – Witwe.

Tara drehte sich kurz zur Seite, um sich die Augen zu trocknen. Sie tat so, als wäre ihr ein Insekt ins Auge geflogen. Dann musterte sie interessiert alle Umstehenden, die sich mit ihr beim Lippischen Golfclub in Blomberg-Cappel 53 zu dem Grundkurs angemeldet hatten, an dessen Ende die Platzreife erreicht werden sollte. Tara hasste Prüfungen. Sie fand, dass sie in ihrem Leben davon schon genug absolviert hatte. Aber was tat man nicht alles für einen guten Zweck. Na ja, und völlig blamieren wollte sie sich vor ihren teilnehmenden Richterkollegen natürlich auch nicht.

Mit diesen Golf-Interessierten würde sie sich also in der nächsten Zeit zwei Mal in der Woche die Bälle um die Ohren hauen. Was wahrscheinlich die völlig falsche Wortwahl war. Auf die vermutlich distinguiert anmutenden Begriffe für unterschiedliche Schläge mit unterschiedlichen Schlägern war Tara ebenso gespannt wie darauf, ob sie es einigermaßen hinkriegen würde. Das aufgeregte junge Pärchen wirkte sehr sympathisch auf sie. Die zärtlichen Blicke und Gesten, die beide füreinander hatten, taten Tara trotzdem weh. Sie sahen frisch verliebt aus, waren aber wohl schon lange genug zusammen, dass sie diesen Kurs gemeinsam absolvieren wollten. Der Beifall heischend schauende Typ im Nick-Knatterton-Outfit, das er offensichtlich für besonders Golf-stylish hielt, hatte sich scheinbar als einziger richtig auf diesen Kurs vorbereitet. Alle anderen wirkten eher normal auf Tara. Sowohl was die Kleidung, das Schuhwerk als auch das Verhalten anging. Nick Knatterton hatte bei seiner Ankunft theatralisch und mit lautem Getue einen Trolley nebst Golfbag mit einer großen Auswahl an Schlägern in der Mitte der Wartenden geparkt: »Hab ich runtergesetzt im Golf House in München gekauft.«

Alle zukünftigen Kursteilnehmer hatten beeindruckt genickt. Oder zumindest beeindruckt getan.

Der Pro kam und stellte sich als Trainer für diesen Kurs vor. Als er gerade den Ablauf des heutigen Abends erläutern wollte, fiel ihm Nick Knatterton ins Wort: »Und, was meinen Sie? Ist das ein gutes Set? So, für den Anfang?«

Der Pro atmete aus, nahm geduldig einen Schläger mit dickem Kopf aus dem Golfbag und schaute Nick ernst an: »Für Linkshänder! Ja?«

»Ähm, also …«

Tara freute sich. Auch den anderen Teilnehmern hatte es die Mundwinkel nach oben gezogen. Das würde vielleicht doch so richtig klasse werden.

Werner Dreesmann aß gerne. Gerne, gut und viel, um genau zu sein. Und in aller Ruhe. Daher hatte er auch im letzten Jahr sein Segelflugzeug verkauft. Er passte einfach nicht mehr hinein. Mindestens einmal in der Woche gönnte er sich ein üppiges Menü in der Blomberger Burg 54. Von seiner Kanzlei am Pideritplatz gegenüber des Alten Amtshauses 55 war es nicht weit zum Restaurant im Burghotel. Das war bequem, und Dreesmann hatte es gerne bequem. Zumindest so bequem, wie die Umstände es eben erlaubten. Er liebte zwar die Bewegung an der frischen Luft, aber man musste es ja nicht übertreiben. Joggen war bei seinem Gewicht nichts für die Gelenke. Schwimmen wäre sinnvoll gewesen, aber er mochte es einfach nicht – wenn er sich vorstellte, dass eine Angestellte oder ein Mandant ihn in der Badehose sah; nein, das wäre ihm peinlich gewesen. Aber gemütlich neun Löcher spielen, das war ganz nach seinem Geschmack. Daher hatte er sich vor einiger Zeit einen Elektro-Trolley gekauft, auf dem er sein Bag mit dem Golfzubehör transportierte. Auch längeren Spaziergängen war Werner Dreesmann nicht abgeneigt. Zuhause an seiner Pinnwand hing der Flyer vom Nelkenweg 56, von dem er schon zwei kleine Etappen gegangen war.

Heute hatte Dreesmann mit dem Pro auf der Driving Range trainiert, weil er an seinem Abschlag arbeiten wollte. Seine Technik war nicht perfekt, doch er schlug schnell und weit. Er war nicht mit sich zufrieden, doch nun war es genug. Er hatte Bierdurst und außerdem eine Verabredung mit einem Mandanten im Clubhaus. Dreesmann stellte seinen Trolley hinter dem Clubhaus neben der Terrasse ab und trat ein. »Guten Abend«, grüßte er auf dem Weg durch den lichtdurchfluteten Raum mit den dunklen Möbeln in die Runde. Einige grüßten zurück, andere nickten ihm freundlich lächelnd zu. Man kannte sich.

»Gut, dass du kommst.« Carsten Cramer saß schon am modernen Tresen, dessen schwungvolle Form ein wenig an das ZDF-heute-Studio erinnerte.

»Hallo, ihr zwei.« Dreesmann drückte Cramer die Hand und schlug ihm jovial mit der Linken leicht auf die Schulter. Die Blondine an Cramers Seite fand Dreesmann etwas zu künstlich aufgehübscht. In letzter Zeit versuchte sie, sich klassisch hanseatisch zu kleiden, was aber unnatürlich wirkte. »Wie immer bezaubernd, liebe Ille«, log Dreesmann und hauchte je ein Küsschen links und rechts ihrer Wangen in die Luft. Cramer war ein neuer Mandant, der eine scheinbar gut florierende Versicherungsagentur am Blomberger Marktplatz [57] mit Blick auf den Alheyd-Brunnen [58] betrieb und Dreesmann mit zwei Beurkundungen schon gute Umsätze beschert hatte.

»Was trinkst du?«, wollte Cramer wissen. Er hatte ein großes Pils vor sich stehen und Ille einen gewaltigen Cocktail, von dem sie das Schirmchen gepflückt und mit dem Strohhalm schon über die Hälfte der bläulichen Flüssigkeit zwischen den Eiswürfeln geschlürft hatte.

»Hefeweizen.«

»Wie immer.«

Carsten Cramer gab dem aufmerksamen Barkeeper ein Zeichen.

»Isotonisches Getränk. Also, was kann ich für euch tun?«

Cramer nahm Ille in den Arm: »Wir haben endlich ein geeignetes Objekt auf dem Darß gefunden. Und wir möchten natürlich, dass du die Beurkundung machst.«

»Ja, das möchten wir«, bestätigte Ille. Nach Dreesmanns Geschmack war sie etwas zu jung für Cramer, ihr gewaltiges Dekolleté sah zu sehr nach Silikon aus und ihre Wimpern etwas zu falsch. Dreesmann schaute zu der kleinen Gruppe Anfänger hinüber, die er vorhin mit dem Pro auf der Driving Range gesehen hatte und die nun locker lachend um einen Tisch saßen. Was hätte er dafür gegeben, in der lockeren Runde zu sitzen statt sich hier mit beruflichem Small Talk abmühen zu müssen. Nicht nur, um vielleicht mit der rothaarigen Schönheit ins Gespräch zu kommen. So unter Juristenkollegen. Gut, er spielte mit seinem Übergewicht nicht so ganz in ihrer Liga. Und er hatte natürlich auch gehört, dass sie gerade ihren Mann verloren hatte. Aber man wusste ja nie! Manchmal musste man einem Impuls nachgeben. Nur eben nicht heute.

»Auf dem Darß?« Dreesmann erinnerte sich, dass Cramer schon oft darüber schwadroniert hatte, in ein renditestarkes Ferienobjekt investieren zu wollen.

Carsten Cramer nickte euphorisch und Ille sagte: »Der Darß ist das neue Sylt.« Das klang einstudiert.

»Aha!«

»Und finanztechnisch ist das natürlich alles kein Problem. Wir müssten nur eine klitzekleine Grundschuld auf das Haus in Detmold eintragen lassen.«

Werner Dreesmann hob gut gelaunt sein Glas. »Glückwunsch!«, sagte er zum einen zu den Cramers und zum anderen zu sich selbst. Als Notar stellte er sich bereits die Gebührenrechnung vor, die bei den vermuteten Geschäftswerten zusammenkommen würde.

Er liebte es, der Erste zu sein. Kurz nach Sonnenaufgang. Nur er und die Natur. Nur er gegen sich selbst. Gegenüber seinen Mitmenschen war er es gewohnt zu gewinnen. Er selbst war eine der letzten Herausforderungen, die ihm geblieben war.

Die ersten beiden Löcher hatte er locker unter Par gespielt. Nun war er warm und konnte sich dem Training am schwierigsten Loch widmen: Nummer neun.

Er schaffte es mit dem zweiten Schlag über den Teich auf das Grün. Perfekt! Nun musste er sich beim Putten konzentrieren. Er wählte den Putter und ging beim Ball in die Hocke, um die optimale Bahn bis zum Loch zu bestimmen. Hinter sich spürte er eine Bewegung.

»Du?« Überrascht richtete er sich auf und blickte verwundert auf das Rohr, das sein Gegenüber auf ihn gerichtet hatte. In Konzentration versunken hatte er niemanden kommen gehört. »Was ist denn das für ein …?«

»Verabschiede dich!«

»Was soll der Scheiß?«

»Tu nicht so, als ob du das nicht wüsstest.«

»Wir können doch darüber reden … hör mal, es geht doch nur um …«

»Dafür ist es jetzt ein bisschen zu spät.«

»Wieso, ich könnte doch …«

»Genau da liegt das Problem. Es geht immer nur um dich.«

Der Golfball traf ihn mit einer Geschwindigkeit von exakt 120 Stundenkilometern und zertrümmerte gnadenlos sein Schläfenbein.

Als er der Länge nach auf dem Grün aufschlug, war er bereits tot.

»Falke!«

Peter hatte die Nummer nicht gespeichert, die sich auf dem Display zeigte. Er hörte jemanden schniefen.

»Ja, hi, Peter. Ich bin's.« Sie zog die Nase hoch. Und da Peter nicht antwortete: »Die Isabel.«

»Ach so. Hallo!« Seine Cousine Isabel rief ihn an? »Wie geht's dir denn?«, fragte Peter pflichtbewusst. Er hatte schon ewig nichts mehr von ihr gehört und wunderte sich, dass sie überhaupt seine Handynummer hatte. Ihre Mütter waren Schwestern, aber Isabels Eltern waren schon vor zehn Jahren bei einem Autounfall ums Leben gekommen. Da Isabel keine weiteren Geschwister hatte, waren Peter und seine Mutter sozusagen ihre einzigen Verwandten. Warum sie allerdings diesen Idioten Carsten heiraten musste, hatte er nie verstanden und daher seit der Hochzeit auch so gut wie gar nichts mehr mit ihnen zu tun gehabt.

»Er ist tot, Peter. Carsten ist tot. Erst dachten alle, es wäre ein Unfall, aber jetzt haben die von der Polizei mir so komische Fragen gestellt und gesagt, sie hätten bestimmt noch mehr. Also Fragen.« Isabel zog erneut die Nase hoch. »Ich weiß nicht, was ich machen soll.«

»Oh.« Das waren viele Informationen auf einmal. Peter dachte nach. »Das tut mir wirklich sehr leid«, sagte er daher erst einmal, um die Form zu wahren. Denn das stimmte nur zum Teil, weil er zwar einerseits natürlich nicht wollte, dass jemand starb. Andererseits wusste er, dass Isabel von ihrem

Mann mehr als einmal betrogen worden war und Carsten zudem Diskussionen in der Ehe des Öfteren handgreiflich beendet hatte. »Brauchst du Hilfe bei den Formalitäten?«

»Ja, das wäre ganz lieb. Um sowas hat sich doch Carsten immer gekümmert. Also, ich meine Geld und Steuern und so. Aber deswegen rufe ich gar nicht an.«

Peter meinte zu verstehen: »Hast du anwaltliche Unterstützung?«

»Nein, aber ich scheine wohl welche zu brauchen.«

»Okay. Ich kläre das. Und dann komme ich zu dir.« Gut, dass er frei über seine Arbeitszeit verfügen konnte und heute auch keinen Termin mehr hatte.

»Danke.« Ihr erneutes Schniefen wurde davon unterbrochen, dass sie auflegte.

Peter schüttelte den Kopf. Merkwürdiges Telefonat.

»Tara, bist du da?«

Tara saß auf ihrer Terrasse und starrte über Lemgo hinweg nach Westen in den Abendhimmel. Peter Falke kam um die Ecke des Hauses auf dem Weg, der von der Haustür in den Garten führte. Er achtete wie immer penibel darauf, ja nicht auf die Fugen zwischen den Naturstein-Platten zu treten. Er hatte vier Corona Extra in der Hand. Das beschlagene Glas verhieß gute Kühlung. Tara nickte dankbar. Peter nahm einen Flaschenöffner aus der Hosentasche und ließ die Kronkorken zischen.

Er gab Tara ein Bier, setzte sich und sie stießen an. Dann schauten sie gemeinsam nach Westen.

»Wir süppeln ganz schön viel Bier in letzter Zeit …«, fing Tara an.

Peter nickte. Fragte jedoch nichts, sondern schaute sie nur von der Seite an.

Tara schaute weiter geradeaus: »Ist jetzt aber trotzdem genau richtig.«

»Gut.« Er trug ein schwarzes Jeans-Hemd, das er ordentlich in die enge schwarze Jeans gesteckt hatte. Die riesige Gürtelschnalle zeigte ein Indianermotiv. Von diesen Buckles, wie Peter die Schnallen nannte, hatte er eine so große Auswahl, dass Tara bisher keine ein zweites Mal gesehen hatte. Peter lehnte sich entspannt zurück, streckte die langen Beine aus und legte die Cowboy-Stiefel mit dem Indianermuster übereinander, das rechte Bein über dem linken, die linken Hacke genau in der Mitte einer Steinplatte.

Tara war froh, dass Peter oft einfach nur da war. Es gab nicht viele Menschen, die es mit einem Trauernden aushielten, ohne zu meinen, etwas sagen zu müssen. Dabei war es gerade die Nähe eines anderen Menschen, die sie jetzt brauchte. Keine Ratschläge. Manchmal redeten sie. Manchmal nicht.

»Na?«, fragte Tara. Peter hatte sie vorhin angerufen, weil er einen Tipp in Sachen Strafverteidiger für seine Cousine brauchte. »Du hast also eine Cousine. Und die hat einen toten Mann.«

Peter nickte und reichte die verwandtschaftlichen Verhältnisse nach. Dafür war bei dem kurzen Telefonat natürlich keine Zeit gewesen.

»Oh, Mist. Tut mir leid.« Peter Falke schlug sich mit der linken Hand vor die Stirn. »Das war so gedankenlos von mir.«

»Nein, nein. Schon gut.« Was nur zum Teil stimmte, weil Tara ständig an Angus dachte. »Bei Gericht werd ich ja auch ständig mit solchen Sachen konfrontiert.«

»Schon, aber ich hätte …« Peters Stimme klang verzweifelt.

Tara lächelte ihn müde an. »Erzähl einfach.«

Peter nickte und nahm einen so tiefen Schluck, dass die Flasche leer war, als er sie wieder absetzte. »Okay. Danke. Das ist echt toll von dir. Carsten, so heißt ihr Mann, war vorgestern Morgen Golf spielen. Er hat einen Golfball an die Schläfe bekommen und war wohl laut Rechtsmedizin sofort tot. Weil er irgendwie neben der, ähm, wie heißt noch dieses Übungsdings, von wo man Abschläge trainiert?« Peters Hobby war das Westernreiten, was mit Golfspielen in etwa so viel zu hatte wie das Ergebnis eines Drittliga-Fußballspiels mit einer verkehrspolitischen Entscheidung des Bundestages.

»Driving Range?«

»Ja, Driving Range. Weil er in der Nähe gefunden wurde, ging man erstmal davon aus, dass es sich um einen Unfall handelt. Aber so wie er getroffen wurde, kann das wohl scheinbar doch nicht sein.«

»Mord?«

»Man hat Isabel jetzt zweimal befragt, und du weißt ja selbst, wie das ist …«

»Im Zweifelsfall war's die Ehefrau.« Tara blinzelte etwas im Auge weg und fragte mit belegter Stimme: »Gibt es ein Motiv?«

»Zwei!«

»Zwei?«

»Ja, also wenn ich das alles richtig verstanden habe, ist folgendes passiert. Ein Notar hat wohl bei ihr angerufen, weil er Carsten nicht erreichen konnte. Es ging um die Beurkundung einer Ferienimmobilie. Aber Isabel wusste weder etwas von dem Hauskauf noch davon, dass Carsten dafür ein Darlehen aufgenommen hat, das er mit ihrem Haus abgesichert hat.«

»Vielleicht wollte er sie überraschen.«

»Das wohl eher nicht. Zumindest nicht im positiven Sinne.«

»Wie das?«

»Das wusste Isabel auch nicht so richtig. Jedenfalls hat sie Carsten zur Rede gestellt, und zwei Tage später war er tot.«

»Hm.«

»Kann auch sein, dass sie mir nicht alles erzählt hat. Oder ich habe nicht die richtigen Fragen gestellt.«

»Das kann man doch nachholen.« Tara klang motiviert und saß nun sehr aufrecht in ihrem weiß gestrichenen Adirondack Chair im Stil amerikanischer Seebäder. Sie sah ihren Nachbarn aufmerksam an.

»Ich weiß nicht, ob wir uns da schon wieder einmischen sollten. Dafür ist doch die Polizei zuständig.«

»Ach was.«

»Ja.«

»Okay. Dann lassen wir die ermitteln.«

»Ja. Tun die doch sowieso.«

»Aber eine Unterhaltung mit deiner Cousine ist ja so unter verwandtschaftlichen Gesichtspunkten nicht verboten.«

»Danke! Ich hatte gehofft, dass du das sagen würdest. Wann hast du Zeit?«

Tara schaute auf die schmale Uhr an ihrem Handgelenk. Halb zehn. »Morgen ist Samstag.«

Der Arsch war tot. Selbst schuld. Seine Frau hätte nichts davon erfahren dürfen. Und dass er dann auch noch dachte, dass er damit durchkommt. Also wirklich!

Wer hätte gedacht, dass es so leicht sein würde. Einfach im Internet nachgucken, wie man so ein Ding baut. Alles im Baumarkt besorgen und dann zack, den Golfball an die Schläfe geballert.

Na gut, das Bild eines Sterbenden, eines Toten, kriegt man so schnell nicht aus dem Kopf. Das würde sicherlich noch etwas dauern.

Zwei Tage schon. Sie würden sicherlich bald zur Befragung erscheinen. Gut, wenn man sich darauf vorbereiten konnte. Oder wäre es besser, von sich aus eine Aussage zu machen? Weil man ja gerne hilft.

Ach, Blödsinn. Man konnte ja schlecht eine Aussage zu einem Sachverhalt machen, von dem man offiziell noch gar nichts wissen konnte.

Immer schön den Ball flach halten. Haha. Komische Redewendung.

So, jetzt aber erst einmal »überrascht gucken« üben.

Tara konnte das Gefühl nicht beschreiben, das sich in ihr breitgemacht hatte, seit sie in Isabel Cramers Haus gekommen waren. Es war mehr als Überraschung. Mehr als Irritation.

Die dunklen Ringe unter den Augen legten Zeugnis davon ab, dass die Frau um ihren Mann trauerte. Gleichzeitig jedoch wirkte sie abgeklärt und nicht unbedingt wie jemand, der einen geliebten Menschen verloren hatte. Ihn unendlich vermisste. Nicht wusste, wohin vor Schmerz. Tiefe Verzweiflung und Hoffnungslosigkeit fühlte bei dem Gedanken daran, dass man sich nie wiedersehen würde, nie wieder hören, riechen, küssen und nie all die Dinge erleben würde, von denen man geträumt und die man sich für die Zukunft ausgemalt hatte. Isabel wirkte gefasst, was jedoch nicht gespielt zu sein schien oder als Schutzreaktion auf den Schock der Todesnachricht folgte. Vielmehr spiegelte dies wohl ihre tatsächliche Gefühlslage wider. Sie würden herausfinden müssen, was los war.

Es gab einiges im Leben der Cramers, das auf Tara unstimmig wirkte. Nicht nur die zwiespältigen Gefühle von Trauer und Abgeklärtheit in Isabels Gesicht. Auch das ultramoderne Haus der Cramers passte nicht so recht in die Nachbarschaft der romanischen Kirche 59 im Dörfchen Reelkirchen. Wie wurden Isabel und Carsten wohl von ihren Nachbarn gesehen? Tara war der Ort bis heute völlig unbekannt gewesen. An der Kirche in Donop 60 hingegen war sie auf dem Weg nach Blomberg von Lemgo aus schon häufiger vorbeigekommen. Angus hatte hier seine Liebe für Störche entdeckt und stundenlang einfach dasitzen können, um ihnen bei der Nestpflege oder dem Füttern ihrer Küken zuzuschauen. Besonders die Treue der Paare hatte ihn an den Störchen fasziniert.

»Klingt ein bisschen abgedroschen«, sagte Peter Falke gerade. »Aber – hatte Carsten Feinde?«

»Bestimmt.« Isabel schaute zwischen Tara und Peter hin und her. Sie saß den beiden auf einer schwarzen Ledercouch gegenüber, deren Rücken und Lehnen aus dicken Lederrollen bestand. »Er war ziemlich erfolgreich. Da macht man sich doch Feinde, oder?«

»Kannst du jemanden benennen?«

»Du meinst, der in der Lage wäre, ihn umzubringen?« Isabel verschränkte ihre Arme. Dabei zog sie den weißen Blazer mit der schwarzen Paspellierung eng um sich. »Woher soll ich das wissen?«

»Nein, das kann man natürlich niemandem an der Nasenspitze ansehen«, sagte Tara geduldig. »Aber wenn ich das richtig verstanden habe, war es ja kein Unfall. Also muss irgendjemand wütend gewesen sein oder sonst einen Grund gehabt haben, um so etwas zu tun.« Damit kannte Tara sich aus. Mit niederen Motiven und Rachegelüsten. Jeden Tag im Gerichtssaal musste sie sich mit den unfassbaren Idiotien und Abgründen der menschlichen Seele befassen. Und war schlussendlich auch selbst davon betroffen. Viel wusste sie nicht darüber, was Angus Buchanan nach Lippe verschlagen hatte. Es sei besser für sie, wenn sie nicht so viel wüsste, hatte er immer gesagt. Irgendwann war sie nicht weiter in ihn gedrungen. Aber es war keine einfache Versetzung gewesen, von Hamburg nach Detmold. Eher eine Flucht. Eine Flucht vor seiner Arbeit als verdeckter Ermittler, die ihn in Lebensgefahr gebracht hatte. Und die ihm am Ende doch das Leben gekostet hatte. Tara teilte seine Vermutung, dass es irgendwo eine undichte Stelle geben musste. Seit Angus' Tod war sie auf der Suche.

»Motiv und so, meinst du?« Isabel schaute Tara mit großen Augen an.

Tara nickte nachdrucksvoll.

»Hm, weiß ich auch nicht«, sagte Isabel langsam. »Das hat die Polizei ja auch schon gefragt. Aber eine Sache war da letztens. Die war irgendwie komisch. Hier rief ein Notar an und sagte, es täte ihm furchtbar leid, aber da habe es ein Missgeschick beim Siegeln einer Urkunde gegeben und ich müsse das jetzt nochmal unterschreiben. Ich hatte keine Ahnung, worum es geht, also fragte ich nach, und er meinte, na, der Immobilienkaufvertrag. Carsten kümmert sich ja immer um alles, und ich wusste echt nicht, was er da wieder am Start hatte. Also sagte ich zu dem Notar, das müsse ich aber erst mit Carsten besprechen, der käme erst spät nach Hause.«

»Wann war das?« Peter hatte sich interessiert nach vorne gebeugt.

»Am Tag, bevor Carsten starb.«

»Hast du ihn noch gesehen?«

»Nee, als er nach Hause kam, hab ich schon geschlafen, und am nächsten Morgen ist er dann gleich zum Golfen.«

»Ihr habt also nicht mehr gesprochen?«

»Nein, das ist schon sehr traurig. Als wir uns das letzte Mal gesehen haben, war nämlich wieder nur Streit.« Isabel machte eine Pause. Schluckte hörbar. »Das Übliche. Er war ja kein Kostverächter, aber wir hatten uns … na ja … arrangiert. Irgendwie.«

»Okay«, sagte Tara ganz leise. »Weißt du, wer sie ist?«

Isabel schüttelte energisch mit dem Kopf. »Nein! Auf keinen Fall. Das will ich auch gar nicht wissen. Nicht mehr. Ich nehme an, wie immer: Jung. Blond. Blöd. Billig.«

Tara und Peter schauten sich kurz an. Damit stand Isabel definitiv ganz oben auf der Verdächtigenliste.

Isabel hatte den Blick wohl falsch gedeutet: »Muss euch nicht leid tun. Ich hab ja sonst ein gutes Leben.«

Was die Leute sich nicht alles einreden, nur um finanziell abgesichert zu sein. Tara schüttelte innerlich den Kopf.

Isabel kniff den rechten Mundwinkel zusammen.

»Ja?«, fragte Peter.

»Trotz allem ist es mir peinlich, so – andern gegenüber. Und ich, na ja, ich hab es dem Kommissar nicht erzählt. Er hatte soviel Fragen wegen dem Geschäft und dem Handy. Ich musste ihm den Schlüssel geben fürs Büro. Irgendwie …«

»Verstehe ich«, sagte Peter. »Das musst du trotzdem nachholen.«

»Ich weiß.«

»Weißt du noch, wie der Notar hieß, der hier angerufen hat?«, nahm Tara den Gesprächsfaden an der ursprünglichen Stelle wieder auf. Sie war in dem schwarzen Wassily-Sessel mit der nach unten abfallenden Sitzfläche und steil stehenden Rückenlehne ganz nach hinten gerutscht und fühlte sich eingeklemmt und unwohl. Der Sessel passte gut in das symmetrische und kühle Bauhaus-Ambiente des gesamten Hauses mit den großen Glas- und Marmorflächen und den Edelstahl-Elementen. Er war sicherlich wahnsinnig teuer gewesen, war aber eben auch sehr unbequem.

»Nee, blöderweise nicht. Irgendwas mit ›E‹.«

»Kann ich mal das Telefon haben?« Tara streckte die Hand aus.

»Ach so, na klar. Die Rufnummernanzeige. Da hätte ich ja auch selbst drauf kommen können.« Isabel stand auf und holte das Telefon aus dem Flur.

»Wenn es für dich okay ist«, sagte Peter, »rufe ich den Notar an und kläre das mit ihm. Ich bin ja dein Cousin, da wird er wohl mit mir sprechen.«

Als Tara Wolf und Peter Falke gerade aus Isabels Haustür traten, kam Kriminalhauptkommissar Florian Dreier auf sie zu. »Tara! Das ist ja interessant. Was führt dich denn hierher?«

»Hallo, Florian.« Tara ignorierte den scharfen Sarkasmus im Tonfall des Kommissars und stellte anschließend Peter und Florian einander vor.

»Ich nehme Frau Cramer mit aufs Revier. Aber ich kann euch unter diesen Umständen«, Florian Dreier schielte zu Peter hinüber, »natürlich nichts weiter sagen.«

Tara schüttelte den Kopf, hakte sich energisch bei Florian ein und ging mit ihm ein paar Schritte von Peter weg.

»So nicht, mein Lieber. Verwandtschaft hin oder her.«

»Schon gut. Aber nur weil du's bist. Wir haben sein Handy ausgewertet und rate mal …«

»Er hatte eine Freundin.«

»Eifersucht ist ein starkes Motiv.«

»Mehr habt ihr noch nicht?«

»Wir werden noch mehr finden. Keine Sorge!«

Da war sich Tara sicher. Schließlich hatte Isabel ihnen noch verraten, dass sie und ihr toter Ehemann sich gegenseitig als Begünstigte bei der Lebensversicherung und im Testament eingesetzt hatten.

»Und?«, hatte Tara schon gefragt, bevor sie in Peter Falkes altem, aber dafür penibel gepflegtem Chevrolet C10 Pickup saß, der nur bei trockenem Wetter aus der Garage geholt wurde. Im Kassettenspieler des Autos steckte wie üblich eine Johnny-Cash-Kassette. Peter war ein Riesenfan und hatte sowohl Plattenspieler als auch Kassetten-Deck in seinem Haus. Die Faszination für alte Autos hatten Angus und Peter geteilt. Sie waren es nicht müde geworden, über jede noch so kleine Vergaserproblematik, originale Radschrauben oder notwendige Lackaufbereitung zu reden.

Tara war nicht mit in die Kanzlei gegangen, weil sie befürchtete, dass Dreesmann wusste, wer sie war. Da wollte sie kein Risiko eingehen. Am Niederen Tor 61 war sie ausgestiegen und durch die Altstadt 62 bis zum Treffpunkt am Martiniturm 63 spaziert. Es war hart gewesen. Wie ein Schlag in die Magengrube. Bei ihrem letzten Besuch in Blomberg letztes Jahr im November hatte sie mit Angus unten im Kulturhaus »Alte Meierei« beim Blomberger Songfestival 64 einen wundervollen Abend verbracht. Für Wilbasen 65 hatte sie Angus nicht begeistern können. Jahrmärkte und Volksfeste machten ihm einfach keinen Spaß, aber ihr zuliebe war er trotzdem einmal mitgegangen. Erstaunlich, wie viele Orte es gab, die einen traurig machen konnten, obwohl man eigentlich schöne Erinnerungen mit ihnen verband.

»Er war sehr zugeknöpft. Hat sich bei jeder Antwort geziert. Und es war ein bisschen blöd, dass du nicht mit dabei warst, weil ich mich mit dem ganzen Juristendeutsch ja nicht auskenne. Aber da ich schon mal selbst ein Haus gekauft habe …«

»Ja?«

»Also, wenn ich eins und eins aus dem Wenigen zusammenzähle, was Isabel uns erzählt, und Dreesmann mir nichts verschwiegen hat, stellt es sich wohl so dar: Er hat einen Kaufvertrag für Carsten beurkundet. Dabei ging er davon aus, dass Carsten und seine Frau Isabel unterschrieben haben, die er unter dem Namen Ille kennt. Als er dann bei Isabel angerufen hat, weil seine Angestellte die Urkunde beschädigt hat und er eine neue Unterschrift brauchte, ist rausgekommen, dass eine andere Frau mit Isabels Namen unterschrieben hat.«

»Es gibt zwei Möglichkeiten bei der Beurkundung. Entweder lässt sich der Notar die Personalausweise der beteiligten Parteien zeigen, oder er kennt die Personen persönlich und verzichtet darauf. Dreesmann kannte Carsten bereits von früheren Beurkundungen und hatte ihn auch des Öfteren mit der Frau gesehen, die die Urkunde mitunterschrieben hat. Offensichtlich ging er davon aus, dass es sich um Carstens Frau handelt, sonst hätte er ja ihren Perso überprüft. Dass es sich nicht um Isabel handelte, erfuhr er erst durch das Telefonat mit ihr. Ille ist nicht Carstens Frau Isabel, sondern vermutlich seine derzeitige Geliebte, von der ja wenigstens die Ermittler schon wissen, wer sie ist.«

»Aber das ist doch kein Motiv, oder?«

»Na ja, es gibt in der Rechtspflege nur wenig Menschen, denen man bedingungslos vertrauen können sollte …«

»Richter und Notare?«

»Topp, Herr Falke.« Tara Wolf hob den rechten Daumen. »Und sonst natürlich Paläontologen. Wenn du mir sagst, an den Gräten ist seit drei Millionen Jahren kein Fleisch mehr, dann glaub ich dir das unbesehen.«

Peter zog die Augenbrauen hoch und hob nun seinerseits den rechten Daumen. »Das solltest du auch, schließlich kenne ich mich aus.«

»Okay, jetzt mal im Ernst. Beurkundungsfehler dürfen einfach nicht passieren und schon gar nicht bei einer so einfachen Sache wie der Feststellung der Identität der Beteiligten. Das geht fast noch mehr gegen die Berufsehre, als wenn sich einer am Geld seiner Mandanten vergreift, indem er ein Notaranderkonto plündert. Wenn das auffliegt, ist mindestens der Ruf ruiniert und du bist dein Notariat los.«

»Ach, ihr Juristen. Was ist denn nun wieder ein Notaranderkonto?«

»Und ohne dich Paläontologenfreund könnte ich mir nicht merken, welcher Vogel in der Jurazeit zwischen irgendwelche Schieferplatten geraten ist.«

»Obwohl du Jura studiert hast, Frau Richterin? Also wirklich!« Peter machte ein strenges Gesicht. Dann mussten beide lachen. »Paläontologenfreund ist übrigens ein total bescheuertes Wort. Wenn du das in Zukunft vielleicht unterlassen könntest?«

»Alternativvorschläge?«

»Derzeit nicht. Verrätst du mir nun, was ein Notaranderkonto ist?«

»Natürlich! Das ist ein Konto, auf dem ein Notar Gelder für Mandanten verwaltet.«

»Ah, okay. Das wäre natürlich ein Ansatz.«

Tara nickte. Ein weiterer Ansatz. Denn Isabels Motive durften sie ebenfalls nicht aus den Augen verlieren. Auch, wenn sie ihr eigentlich helfen wollten.

»Und was machen wir jetzt?«

»Na, was wohl?«

Er fühlte sich nicht gut. Es war plötzlich gekommen. Letzte Nacht hatte er kein Auge zugetan. Wie ein Blitz hatte ihn der Gedanke durchzuckt und sein Herz zum Rasen gebracht.

Alles war ihm sehr logisch erschienen und die Tat selbst einfach gewesen. Es stimmte also: Jeder konnte zum Mörder werden.

Aber nun war dieser Verwandte aufgetaucht. Sicherlich war es auch nur eine Frage der Zeit, bis die Polizei hier erscheinen würde.

Ein Alibi hatte er nicht. Aber Beweise, die Tatwaffe, würden sie auch nicht bei ihm finden.

Ruhig und normal verhalten war jetzt sicherlich genau das Richtige.

»*Ihr* macht nichts Illegales. Ihr fragt nur rum. Aber ich. Ich hacke mich ständig irgendwo rein. Das ist genauso, als wenn ihr bei dem Typen über den Zaun steigen würdet oder euch sonst wie Zugang verschaffen würdet. Natürlich hinterlasse ich keine Spuren. Bin ja nicht blöd. Aber im Zweifelsfall bin *ich* am Arsch.«

Lou Ritter stand aufgebracht vor Tara, die ganz sanft antwortete: »Ich hab nur gefragt.«

»Komm mir nicht so.«

Lou starrte Tara an.

Lange.

Und wortlos.

Dann drehte sie sich um und setzte sich an Taras Rechner.

»Was braucht ihr?«

Tara trat hinter sie und legte ihr sanft eine Hand auf die Schulter. »Danke.«

Lou schüttelte die Hand ab. »Also?«

»Ich hab recherchiert, wie man einen Golfball so abschießen kann, dass er tödlich ist.«

»Einen Golfball?« Lou starrte weiter auf den Bildschirm, die Hände über der Tastatur.

»Ja, und es gibt nur ganz wenig Möglichkeiten. Die einfachste ist eine Kartoffelkanone als Tatwaffe, die aus Dingen zusammengebaut wird, die man entweder sowieso im Haus hat oder in jedem Baumarkt kaufen kann.«

»Und?«

»Das ist verboten.«

»Ach was!« Lous Finger rasten schon über die Tastatur. »Na, dann wollen wir doch mal schauen.«

»Hallo, Isabel.« Inzwischen hatte Peter die Nummer seiner Cousine natürlich eingespeichert.

»Hast du's schon gehört?« Sie klang sehr gelöst. Fast enthusiastisch.

Natürlich wusste er längst, dass Werner Dreesmann verhaftet worden war und Carstens Geliebte Ilka Dubbert wegen Urkundenfälschung angeklagt werden sollte. Kein Wunder, dass Dreesmann bei der Beurkundung nicht hellhörig geworden war, wenn die Ehefrau Isabel hieß und die Geliebte Ille genannt wurde. Peter wollte Isabel nicht den Spaß verderben, also flunkerte er sie an: »Nein, ist alles gut?«

»Ja, bestens«, platzte es aus Isabel heraus, was Peter etwas unpassend fand, immerhin hatte sie gerade ihren Gatten verloren. »Stell dir vor: Er hat sich aus normalen Kunststoffrohren aus dem Baumarkt und Klebeband eine Kanone gebaut. Gut, dass der Kommissar rausgefunden hat, dass Dreesmann extra nach Hameln gefahren ist, um die Sachen auf Kreditkarte zu kaufen. Er hatte sie nämlich längst entsorgt. Also, ich meine die Kreditkarte.«

»Toll!«, sagte Peter nur. Und meinte damit eigentlich, dass Florian Dreier so prompt auf die anonyme Mail reagiert hatte.

»Ich wollte dir gern alles ausführlich bei einem Essen erzählen. Zum Dank für alles.«

»Ach, wir haben doch gar nichts gemacht.«

»Doch, doch. Ihr wart für mich da und seid ja schnell auf Dreesmann gekommen.«

»Das war ich aber nicht allein.«

»Okay, dann frag deine Freundin, ob sie Zeit hat.«

»Sie ist nicht meine Freundin.«

»Dann solltest du sie nicht so angucken.«

»Na, Frau Wolf, wie schaut es aus – fit für Samstag?« Der hagere Endfünfziger mit dem dichten grauen Haar schaute Tara erwartungsvoll an.

»Sicher, Herr Bauerrichter. Platzreife bestanden. Und gutes Wetter ist auch vorhergesagt. Es wird bestimmt ein schöner Tag.«

BLOMBERG

Als Blomberg während der Soester Fehde im Jahr 1447 angegriffen, niedergebrannt und dadurch größtenteils zerstört wurde, plünderten die Söldner die Archive, sodass es kaum Informationen aus der Zeit vor der Stadteroberung gibt. Man kann jedoch davon ausgehen, dass die Stadt Blomberg (vermutlich von Blume) Ende des 12. Jahrhunderts von den Schwalenberger Grafen als befestigter Außen- und Kontrollposten eingerichtet und zwischen 1231 und 1255 durch den Edelherrn Bernhard III. zur Lippe (1194–1265) mit Stadtrechten versehen wurde. Der historische Stadtkern präsentiert sich mit rund 250 Fachwerkhäusern, von denen viele hervorragend saniert sind.

Den Beinamen »Nelkenstadt« führt Blomberg seit zirka 1834, nachdem auf Betreiben von Christian Valentin Ulrich Freiherr von Ulmenstein (1764–1840) die Nelkenzucht begründet wurde. Besonders Hermann Vöchting (1847–1917) und Carl Gronemann (1845–1932) steigerten das Sortiment auf dem Gelände der alten Meierei (heute als Kulturhaus in Verwendung) von 75 auf über 1.700 Sorten. Die erste rote Nelke stammt aus Blomberger Züchtungen. Alle zwei Jahre (gerade Jahreszahlen) wird dies mit dem Nelkenfest gefeiert.

Ergänzende Infos zur Stadt sowie zu Führungen, Veranstaltungen und weiteren touristischen Angeboten:

Blomberg Marketing e. V.
Neue Torstraße 9
32825 Blomberg

Telefon: 05235 5028342
Mail: info@blomberg-marketing.de
www.blomberg-urlaub.de

Randnotiz
Der ehemalige Bundeskanzler Gerhard Schröder (*1944) wurde im Blomberger Ortsteil Mossenberg geboren, wuchs in Bad Salzuflen und Talle auf und absolvierte in Lemgo seine Ausbildung zum Einzelhandelskaufmann.

53 Lippischer Golfclub und Segelflugplatz

Im Blomberger Ortsteil Cappel bieten die 18 Bahnen des Lippischen Golfclubs (Huxoll 14) – reizvoll eingebettet in die sanfte Hügellandschaft Lippes – eine sportliche Herausforderung für jeden Anspruch. Die besondere Vielfalt des alten Baumbestands (über 60 Arten!) bietet zu jeder Jahreszeit eine einzigartige Kulisse für Liebhaber des Golfsports und Spaziergänger.
Wer gern in die Luft geht, ist im südlich gelegenen Ortsteil Borkhausen richtig: Dort liegt der Segelflugplatz der Luftsportgemeinschaft Lippe-Südost e. V. (Nessenbergstraße), auf dessen Besucherterrasse am Wochenende der Flugbetrieb beobachtet oder ein Rundflug gebucht werden kann.

54 Burg Blomberg

Die Burg Blomberg besteht aus dem Palais (ungefähr 13.–16. Jahrhundert), das möglicherweise auf einem alten Wehrturm aufgebaut wurde, dem Nordflügel von 1567, dem Ostflügel von 1569 und dem Marstall aus dem 18. Jahrhundert. Besondere Blickfänge bilden die für die Weserrenaissance typische Utlucht (zweigeschossiger Standerker) von 1569 sowie die Fächerrosetten an der Hofseite des Ostflügels. Die Burg ist Bestandteil der Stadtmauer und beherbergt heute ein renommiertes Hotel und Restaurant. Der Burghof kann durch das Burgtor betreten werden. Entlang der alten Stadtmauer findet an jedem ersten Augustwochenende die »Kunstmauer« statt.

55 Altes Amtshaus

Neben der Burg findet sich das reich verzierte Amtshaus (Pideritplatz 5) aus der Renaissancezeit (1572), das ursprünglich als Pfortenhaus diente und an den Burg- und Schweigegarten grenzt. Besonders prächtig sind die Fächerrosetten, die – jede ist einzigartig – die Gefache insbesondere im Ostgiebel verzieren. Der Schweigegarten, der sich im Norden an das Amtshaus anschließt, ist eine kleine, abgeschlossene Gartenanlage. Der Bereich wird durch die alte Stadtmauer und einen Teil des ehemaligen Wachturms begrenzt. Dieser Ort der Ruhe ermöglicht idyllische Spaziergänge auf dem Rundweg oder stille Pausen auf einer der Bänke. Wer auf den Spuren der »Nelkenstadt« wandeln will, findet hier, eingelassen in die Stadtmauer, die Grabplatte des Nelkenzuchtbegründers Freiherr Christian von Ulmenstein (1764–1840). Erklimmt man die Leiter im ehemaligen Wachturm, eröffnet sich ein wundervoller Blick nach Westen über das Lipperland und den Teutoburger Wald. Kleine Besucher dürfen hier ein wenig Burgherren oder -fräulein spielen.

56 Nelkenweg

Der 42 Kilometer lange Rundwanderweg um Blomberg kann von Wanderern vollständig oder von Spaziergängern in Teilstücken gegangen werden. Es gibt verschiedene Einstiegspunkte über zahlreiche Parkplätze (beispielsweise im Norden über den Wanderparkplatz an der B1, Navigationsadresse Drosselweg, Barntrup!). Auskunft darüber gibt der Flyer (gedruckt oder online unter www.naturpark-teuto-

burgerwald.de), den Notar Werner Dreesmann an seiner Pinnwand hängen hat. Der Weg ist mit einem weißen »N« gekennzeichnet. Von hier aus lohnt auch ein Abstecher zur Dorfkirche in Reelkirchen mit der tausendjährigen Linde 59. Die Dorfkirche eignet sich auch als Ausgangspunkt für eine Etappe, da der Nelkenweg direkt westlich über die Schönfeld- und Mittelstraße um die Kirche herumführt.
In der Geschäftsstelle von Blomberg-Marketing (Neue Torstraße 9) stehen kostenlos GPS-Geräte zur Verfügung.

57 Blomberger Marktplatz

Mittelpunkt der historischen Altstadt ist der Marktplatz. An der Nordseite befindet sich das Rathaus von 1587 (Marktplatz 1), das als Besonderheit drei identisch gestaltete Fachwerkgiebel aufweist. Links vor dem Rathaus ist noch heute der Schandpfahl (Pranger) zu sehen, an dem Verurteilte gefesselt und öffentlich vorgeführt wurden. Ebenfalls auf dem Marktplatz steht seit 1989 der Alheyd-Brunnen 58.

58 Alheyd-Brunnen

Zur Osterzeit 1460 soll eine Frau namens Alheyd Pustekoke eine Schale mit geweihten Abendmahlshostien aus der Martinikirche gestohlen haben. Als sie entdeckt wurde, warf sie die Hostien in einen Brunnen. Das Tatmotiv ist bis heute unklar, da Alheyd auch unter Folter nicht gestand. Sie wurde verurteilt und verbrannt – die einzige Strafe, die zu der Zeit für eine solche Tat infrage kam. Dem Wasser des Brunnens wurde danach die Fähigkeit zugesprochen, Wun-

der zu vollbringen, und viele Menschen pilgerten an seine Stätte. Zunächst wurde über dem Brunnen eine Kapelle gebaut, später gründeten die Augustiner-Chorherren ein Kloster, sodass der damalige Brunnen nun mit der Klosterkirche »Zum Heiligen Leichnam« (Im Seligen Winkel) überbaut ist.
Heute erinnert der Brunnen auf der Süd-Ost-Seite des Marktplatzes figürlich an das Geschehen.

59 Tausendjährige Linde und romanische Kirche Reelkirchen

Im Blomberger Ortsteil Reelkirchen befindet sich in der Mühlenstraße 8 einer der ältesten Bäume Nordrhein-Westfalens. Direkt vor der romanischen Kirche steht die gewaltige Linde, deren Stamm einen Umfang von acht Metern misst und deren Alter tatsächlich auf 800 Jahre geschätzt wird.
Die romanische Kirche mit den hohen Rundbogenfenstern liegt auf dem Pilgerweg 93 und in der Nähe des Nelkenweges 56. Die Kirchenmauern sind 1,5 Meter dick und auf den Traufseiten befinden sich Schießscharten unterhalb des Dachüberstandes, was auf die Schutzfunktion des Gebäudes als Wehrkirche für die Dorfbewohner hinweist. Rund um die Kirche finden sich zahlreiche historische Grabsteine.
Die kleine Kirche war dem heiligen Liborius (vermutlich 320–397) geweiht, für den ein Relief über dem Seiteneingang angebracht wurde. Bei einer Reparatur misslang die Restaurierung der Nase des Heiligen, der seitdem mit einer »Schnapsnase« die Besucher begrüßt.

60 Romanische Kirche Donop mit Storchennestern

Die romanische Kirche im Blomberger Ortsteil Donop (Alte Chaussee) mit Pfarrhaus und Pfarrscheune (Hagendonop 3) vermittelt einen guten Eindruck über eine typisch mittelalterliche Dorfkirche. Untersuchungen der naturkrumm verbauten Hölzer im Dachstuhl (dendrochronologische Analysen) legen den Schluss nahe, dass die aus Bruchsteinen erbaute Saalbau-Kirche bereits um 1118 errichtet wurde.

In unmittelbarer Nähe können im Frühjahr eifrige Weißstorcheltern und in manchen Jahren auch Reihernester in hohen Bäumen und auf Hausdächern beobachtet werden.

61 Das Niedere Tor und Stadtrundgang

Im Süden der Altstadt befindet sich das Niedere Tor oder Niederntor (Übergang Neuer Weg in den Langen Steinweg), das einzige Stadttor, das in Lippe noch vollständig erhalten ist. Es wurde zwischen 1520 und 1530 erbaut. In der Durchfahrt ist die flache Nische mit Führungen für das ehemalige Fallgitter zu erkennen.

Ein guter Startpunkt zur Stadterkundung ist ein kleiner Parkplatz vor der Stadt (Neuer Weg). Gehen Sie von dort durch das Niedere Tor hindurch und dann direkt links die Weinberggasse zur Stadtmauer und zur Burg hinauf. Am Ende der Weinberggasse können Sie rechts dem ausgeschilderten Stadtrundgang folgen, links führt ein unbefestigter Weg an der Stadtmauer entlang bis zum Burgvorplatz. Es eröffnet sich ein grandioser Blick auf das lippische Umland (beson-

ders schön im Frühling während der Rapsblüte) und die westlich unterhalb der Stadtmauer gelegene ehemalige Meierei (heute »Gut Blomberg«). Die alte Meierei dient als Kulturhaus mit vielfältigem Programm. Nach Besichtigung der Burg 54 warten im Winkelviertel (Im Seligen Winkel) und auf dem Markplatz 57 wunderbar restaurierte Fachwerkbauten darauf, entdeckt zu werden.
Alternativ besteht die Möglichkeit einer fach- und sachkundigen Führung durch die Stadt. Blomberg bietet hierzu drei Arten von Stadtführungen: geführte Stadtspaziergänge von April bis Oktober, Nachtwächterführungen oder individuelle, themenbezogene Führungen. Infos bei Blomberg-Marketing (Neue Torstraße 9). Auch Werner Kuloge 14 bietet in Blomberg Nachtwächterrundgänge an (www.lemgotour.de).

62 Altstadt Blomberg

Zahlreiche spätmittelalterliche Handwerker-, Ackerbürger- und Kaufmannshäuser zieren viele Straßen in der Altstadt. Besondere Highlights sind ein Handwerkerhaus mit Mitteldiele (1780) und das ehemalige Küsterhaus (Im Seligen Winkel 4 und 12), die Dielenhäuser in der Petersilienstraße 12 und 43, das Handwerkerhaus in der Kirchhofstraße 1 sowie das Dreiständerhaus mit Zierschnitzereien aus dem Jahr 1664 in der Kirchhofstraße 5, der »Scharfrichter« (Neue Torstraße 16) sowie in der Kuhstraße die Nummern 16 (Stadtbibliothek), 17 und 38 (Doktorhaus).
Die 1808 errichtete ehemalige Synagoge befindet sich Im Siebenbürgen 1a und dient heute als Kommunal-

archiv. Sie wurde 1937 an einen Sattler verkauft und blieb so – wie die Synagoge in Oerlinghausen 48 – von den Novemberpogromen 1938 verschont. Edelherr Bernhard VII. zur Lippe (1428–1511) erhielt 1462 von Papst Pius II. (1405–1464) die Erlaubnis, eine Kirche zu bauen, die 1468 zur Klosterkirche des Augustinerordens wurde. Unter dem Langhaus der spätgotischen Klosterkirche »Zum Heiligen Leichnam« (Im Seligen Winkel/Schulstraße) befindet sich eine Grabstätte der Grafen zur Lippe, die dort bis 1769 beigesetzt wurden.

63 Martiniturm

Der untere Teil des Turmes der ehemaligen Stadtpfarrkirche St. Martini (Am Martiniturm) gehört neben einzelnen Teilen der Burg und der Stadtmauer zu den wenigen Bauwerken, die bei der Stadteroberung der Soester Fehde (1447) nicht zerstört wurden. Der Martiniturm gilt daher als eines der ältesten Bauwerke Blombergs. Er steht in der Nähe des Marktplatzes und prägt – weithin sichtbar – die Stadtsilhouette. Der Turm dient heute unter anderem als Veranstaltungsort mit besonderer Atmosphäre.

64 Blomberger Songfestival

Seit 2007 geben sich jedes Jahr im November in Blomberg Musikergrößen wie David Knopfler (Dire Straits), Ray Wilson (Genesis), Stoppok, Wolf Maahn, Anne Haigis, Purple Schulz und regional bekannte Künstler das Mikro in die Hand. Musiker Volkwin Müller zeichnet gemeinsam mit Weinhändlerin Andrea Plat für die Organisation des stets hochkarätig und abwechslungsreich besetzten Line-ups verantwortlich. Mittlerweile sind auch einige Festival-CDs erschienen.

65 Wilbaser Markt

Seit mittlerweile fast 600 Jahren findet vor den Toren Blombergs jeweils am zweiten Wochenende im September eine riesige Kirmes statt. Mit knapp 300 Fahrgeschäften, Schaustellern, Buden und einem traditionellen Viehmarkt, dem Fassbieranstich zu Eröffnung und dem Feuerwerk zum Abschluss bietet »Wilbasen« für jeden Besucher ein vielfältiges Programm.

WOLFSREIM*

Wenn immer der Gärtner der Mörder wär,
gäb's bald keine Gärtner zum Gärtnern mehr.
Den ein oder anderen würde der Commissaire
durch pfiffige Ermittlungsarbeit sicher erwischen.

Doch ihr braucht ja Gärtner zum Verschönern von Gärten:
Äste absägen, Stauden pflanzen und Grünschnitt verwerten.
Drum werde ich wohl, ihr werdet's schon merken,
beim Verhör einfach perfekte Alibis auftischen.

Ist die Leiche weiblich, meuchelte meist der Ehemann.
Im umgekehrten Fall gilt dann: Cherchez la femme.
Im Irrgarten 66 *der Ausreden hat sich schon mancher ver-*
rannt
und landete schlussendlich bei den Fischen.

Da fällt mir der Reinhard ein, der sintemal dereinst schon
schrieb:
Tatsächlich war es der Butler, der es mörderisch trieb.
Hier im Staatsbad Salzuflen hat man's gern ruhig und fried-
lich, ergo stören die Toten beim Kuren, zumindest ein bisschen.

Im Kurpark 67 *auf dem Rasen direkt neben den Teichen,*
in den Beeten beim Gradierwerk 68 *fand man schon Lei-*
chen,

---

* Ausnahmsweise werden die Tipps im Gedicht aufgrund der Metrik in gekürzter oder abgewandelter Schreibweise dargestellt.

fliegenumsurrt, Blut aus dem Mund in dünnen Streifen,
mit glasigem Blick. Ich bin gut darin, Spuren zu verwischen.

Ihr könnt die Sole trinken [69] *oder darin baden* [70],
tief in die Lunge inhalieren ist keinesfalls von Schaden,
Vorsicht, nicht so hektisch, mancher verschluckt sich vorm Abend
und versinkt dann röchelnd zwischen den Tischen.

Wie ich das mache bei den Festen in unserer Altstadt [71]*?*
Wenn die Salzsieder [72] *tanzen und es zu Weihnachten glatt*
wird und kalt in den Straßen? Ganz bedacht
und unauffällig unter den Pöbel mischen.

Der Auftraggeber wär froh, wenn ich sie nur fänge und fortbrächte.
Was manchmal auch gelingt. Aber in zu kurzen Nächten
muss ich sie töten, das ärgert dann mächtig.
Oder es kommt – so wie gestern die Paulinchen-Bahn [73] *–*
etwas dazwischen.

Ich bin der Gärtner! Habe die Ehre! Gestatten!
Ich töte alle für euch: Maulwürfe, Wühlmäuse und Ratten.
Und wenn ich nicht will – so gut werd ich's machen –
könnt ihr mich niemals dabei erwischen.

*

Lou Ritter schaute zur Seite. Tara Wolf lachte und klatschte. Es war das erste Mal, dass die beiden einen Mädels-Abend machten, und Lou war sich sehr unsicher gewesen und komisch vorgekommen, als sie Tara gefragt hatte. Der

Altersunterschied war recht groß, und auch beruflich hatten sie wenig gemeinsam. Zum Glück war ihre Sorge unbegründet gewesen, denn Tara hatte einfach »Ja, klar« gesagt und schien sich nun auch prächtig zu amüsieren.

Ganz zu Anfang ihrer Beziehung hatte Lou schon darüber nachgedacht, wie es wohl wäre, auch einmal privat etwas mit Tara zu unternehmen. Nur hätte sie eher erwartet, dass es zu solch einem Treffen gar nicht oder nur dann käme, wenn Tara die Initiative ergreifen würde. Aber sie hatte sich getäuscht, denn nun saßen die beiden Frauen im Rund der Naturbühne der Heerser Mühle 74 und lachten über die mal mehr, mal weniger tiefgründigen Späße des vielseitigen Comedians, der das Publikum bestens unterhielt.

Im Golf- und Landclub Bad Salzuflen 75 hatten sie sich noch mit einem Burger gestärkt und Lou hatte endlich etwas über Taras ermordeten Ehemann Angus Buchanan erfahren. Lou war froh darüber, dass sie sich dagegen entschieden hatte, Tara auf eine Paddeltour die Werre entlang mit Rio Negro 76 einzuladen. Sie bezweifelte, dass dabei ein tiefes Gespräch möglich gewesen wäre.

Was für eine mega-krasse Geschichte! Was für eine mega-krasse Scheiße, die Tara da hatte erleben müssen! Der Gedanke daran ließ Lou nicht los. Zeitweise war sie so davon gefangen, dass sie gar nicht mitbekam, was der Entertainer sagte und warum die Leute um sie herum begeistert klatschten.

Das war ja eine Geschichte wie in einem Film. Angus Buchanan hatte in Hamburg erfolgreich als verdeckter Ermittler gearbeitet, um Beweismaterial gegen eine Motorrad-Gang zu sammeln, die in Hamburg und Umgebung die Nummer eins bei Schutzgelderpressung, Prostitution und Drogenhandel gewesen war. Der Anführer und viele

Gang-Mitglieder wurden aufgrund Angus' Arbeit verhaftet und verurteilt, die Gang offiziell aufgelöst. Eine wichtige Größe der Gang musste es dennoch geschafft haben zu entkommen. Außerdem schien es eine undichte Stelle auf ganz hoher Ebene zu geben, anders war nicht zu erklären, dass Angus' Identität durchgesickert war, der sich nach erfolgreichem Abschluss der Operation bewusst in ein anderes Bundesland und ein wesentlich kleineres Kommissariat versetzen ließ. So war er nach Detmold gekommen.

Der Rest war eine tragische Liebesgeschichte, wie sie im Buche steht: Bei einem Konzert hatten sich Tara und Angus kennengelernt. Sie verliebten sich heftig ineinander und wussten, dass sie den Menschen gefunden hatten, auf den sie lange gewartet hatten. Schon nach kurzer Zeit beschlossen sie zu heiraten. Während der kirchlichen Zeremonie war dem kurzen Glück ein jähes Ende bereitet worden. Ich kann mir nicht einmal ansatzweise vorstellen, wie schlecht es Tara gehen muss, dachte Lou.

Und: Wer hielt immer noch die Hand über die verbliebenen Gang-Mitglieder, dass die einfach in die Kirche spazieren und ungesühnt morden konnten? Die musste doch jemand kennen. Gefahr hin oder her. Selbstverständlich würde sie Tara bei der Suche unterstützen. Das Ganze war ein großes und scheinbar vor allem ein dreckiges Geheimnis, das gelüftet werden musste. Es kribbelte Lou schon in den Fingern.

Den in schwarzes Motorradleder gewandeten Hünen in der letzten Reihe bemerkten beide nicht.

Der Gärtner griente schief. Aha, der Mörder war also doch immer Gärtner. Das war ja schon ein bisschen lustig. Und sehr wahr.

Er wusste genau, wieviel Kerben er im Gewehrkolben hatte. Natürlich nur virtuell.

Er war ja vieles. Aber bestimmt nicht dämlich.

BAD SALZUFLEN

Eine frische Meeresbrise mitten in Deutschland? Tatsächlich – Dank der fast 600.000 Liter Sole, die jeden Tag über die Schwarzdornwände von Europas modernstem Gradierwerk **68** rieseln und die Umgebung in ein riesiges Freiluft-Inhalatorium verwandeln.

Die Siedlung Uflon lebte schon zirka 1.000 Jahre von der Salzgewinnung aus den Solequellen (»locum salis in uflon«), bevor Salzuflen ab Mitte des 19. Jahrhunderts zum Kurbad aufstieg, dem im Jahr 1914 die Auszeichnung »Heilbad« verliehen wurde. Davon legt der Salzhof noch heute mit dem Brunnendenkmal der Paulinenquelle sowie dem Salzsieder-Denkmal Zeugnis ab, und der durch den Salzhandel gewonnene Wohlstand spiegelt sich in zahlreichen Häuserfassaden der historischen Altstadt wider.

Wer ruhige Erholung in abwechslungsreicher Natur und regenerierende Wellnessangebote sucht, ist in Bad Salzuflen genau richtig.

Ergänzende Infos zur Stadt sowie zu Führungen, Veranstaltungen und weiteren touristischen Angeboten:

Tourist Information Staatsbad Salzuflen
Kurgastzentrum
Parkstraße 20
32105 Bad Salzuflen
Telefon: 05222 183183
Mail: info@staatsbad-salzuflen.de
www.staatsbad-salzuflen.de

Randnotiz

Das bekannteste »Kind« der Stadt ist der als Jürgen von der Lippe bekannte Entertainer Hans-Jürgen Dohrenkamp (*1948).

66 **Hortus Vitalis**
Wer sich einmal genüsslich verirren möchte, sollte unbedingt einen Besuch in Deutschlands größtem klassischen Heckenirrgarten (Lietholzstraße 1 am Kurparksee) einplanen (Parkmöglichkeiten bestehen beispielsweise im Kurpark-Parkhaus in der Sophienstraße 5). In der Mitte des Irrgartens befindet sich ein Aussichtsturm, der nicht nur einen Blick von oben auf das Labyrinth, sondern auch auf andere Herumirrende gewährt. Selbstverständlich gibt es auch ein Kinderspielareal.

67 **Kurpark und Landschaftspark**
Der 120 Hektar große Kurpark lädt zum Schlendern und Genießen rund um den Kurparksee oder auf den Seeterrassen ein. Der Leopold-Thermalbrunnen dient als beliebtes Fotomotiv.
Richtung Norden schließen sich der Landschaftspark mit Kneipp-Erlebnisparcour, Wildgehege und Vogel-Voliere sowie einem Bienenlehrpfad an. Der Übergang des Kurparks in den Landschaftspark ermöglicht neben kurzen Spaziergängen auch längere Walking- oder Joggingrunden. Der Kurparksee lädt zu romantischen Ruderbootstouren ein.

68 **ErlebnisGradierwerk**
Vor dem süd-westlich gelegenen Haupteingang des Kur- und Landschaftsparks **67** befindet sich das ErlebnisGradierwerk (Navigationsadresse: Am Schliepstei-

ner Tor). Von 1767–1945 dienten die Gradierwerke in Bad Salzuflen ausschließlich der Salzgewinnung aus der Sole (Salz-Wasser-Lösung), die aus neun Quellen aus einer Tiefe von 50 bis 1.000 Metern gewonnen wird. Bei einem Gradierwerk handelt es sich um eine Holzkonstruktion, welche mit Schwarzdornbündeln gefüllt ist, über die die Sole herabrieselt. Durch den Verdunstungseffekt besteht die großartige Möglichkeit, frische Salzluft zu inhalieren.
Im Innern des ErlebnisGradierwerks befindet sich die Sole-Nebelkammer, in der man bei sanfter Musik und einem farbig wechselnden Sternenhimmel die gesunden und belebenden Aerosole einatmen und genießen kann.
Wenn Sie einen wunderbaren Blick über den Kurpark, die Altstadt oder das Gradierwerk-Ensemble genießen möchten, lohnt sich der Aufstieg auf die Aussichtsplattform des begehbaren Gradierwerkes.
Östlich des ErlebnisGradierwerkes befindet sich im Kurgastzentrum die Salzgrotte, westlich der abwechslungsreich angelegte Rosengarten.

69 Wandelhalle

In der Wandelhalle (über den südlichen Kurparkeingang zu erreichen) wird aus den drei Trinkbrunnen Sophien-, Insel- und Loosebrunnen heilsame Sole als Anwendung zur Linderung verschiedenartiger Beschwerden ausgeschenkt.

70 VitaSol Therme

Das Gedicht weist darauf hin: Sole kann nicht nur getrunken, sondern auch als Bad genossen werden.

Ein vielfältiges Wellness- und Entspannungsangebot bietet die VitalSol Therme (Extersche Straße 42) in der ThemenLandschaft, im SaunaPark, in der WellnessLounge und im FitnessClub.

71 **Historische Altstadt Bad Salzuflen**

Die Lange Straße verbindet den Salzhof mit Paulinenquelle als zentralen Ort der Salzgewinnung mit dem Schliepsteiner Tor, dem heutigen Solezentrum der Stadt mit Gradierwerk-Ensemble 68, Wandelhalle 69 und der sich nach Norden öffnenden Kur- und Landschaftsparkszenerie. Die Lange Straße ist Fußgängerzone und weist einige prächtig restaurierte Ackerbürgerhäuser auf, insbesondere die Hausnummern 29, 33, 35 und 41. Ferner verdienen die Häuser An der Steege 4, Obere Mühlenstraße 1 (Haus Backs), das älteste Haus Bad Salzuflens in der Wenkenstraße 10a (Haus Gießenbier) sowie das Haus Schuseil an der Ecke Wenken-/Turmstraße besondere Beachtung.
Der Katzenturm (Turmstraße 5) stand auf dem höchsten Punkt der Stadtbefestigung und ist heute der einzig erhaltene von drei Wehrtürmen, die in die Stadtmauer eingelassen waren. Der Name ist auf das mittelhochdeutsche Wort »Katte« für Schanze zurückzuführen.
Im Zentrum der Altstadt befindet sich der historische Marktplatz (Am Markt) mit dem Marktbrunnen. Der Platz ist umrahmt von Gebäuden, die überwiegend aus dem 16. Jahrhundert stammen. Hier sind die Häuser Nummer 23 und 25, das spätgotische Rathaus (Nummer 26) mit Renaissancegiebel, das Ensemble der Nummern 32 und 34 sowie die

Brandes'sche Apotheke (Nummer 38) hervorzuheben.

In der Mauerstraße befindet sich das Mahnmal »Alte Synagoge« auf den Grundmauern der während der Novemberpogrome 1938 zerstörten Synagoge.

Entlang der Millau-Promenade zwischen Dammstraße und Steege ist sowohl neben als auch in dem Flüsschen Salze eine Illumination installiert, die vor allem in Kombination mit der Adventsbeleuchtung eine ganz besondere Abendstimmung erzeugt.

Unbedingt lohnt auch ein Gang durch die schon fast mondäne Parkstraße, in der steinerne Zeugen der alten Bäderarchitektur entdeckt werden können.

Service für Touristen: die »netten Toiletten« – neben den öffentlichen Toiletten stellen auch einige Gastronomen ihre Toiletten kostenfrei und ohne Verzehrpflicht zur Verfügung.

72 **Ausgewählte Stadtfeste**

Selbstverständlich gibt es über das gesamte Jahr verteilt unterschiedliche Stadtfeste, die aus Brauchtum und Tradition erwachsen sind. Ganz besonders im Fokus steht hierbei das Salzsiederfest, das an die Salzgewinnung und damit die Ursprünge der Stadt erinnern soll. Es findet im Mai statt.

Im August lockt das Weinfest tausende Genießer auf den Salzhof.

Zum Ende des Jahres hin wird der Salzhof zum Weihnachtstraum: In der Adventszeit wird ein Krippendorf mit lebenden Tieren aufgebaut, das Große wie Kleine in seinen weihnachtlichen Bann zieht.

73 **Paulinchen-Bahn**

Vom Haupteingang des Kurparks **67** startet in den Sommermonaten eine besonders bequeme Art, den Landschaftsgarten und die historische Altstadt **71** mit ihren Sehenswürdigkeiten zu entdecken: Die fröhlich weiß leuchtende Paulinchen-Bahn besteht aus einer Lok und drei Waggons.

74 **Umweltzentrum Heerser Mühle**

Wer einen abwechslungsreichen und informativen Nachmittag oder gleich einen ganzen Tag mit der Familie verbringen will, ist auf dem Gelände der Heerser Mühle (Heerser Mühle 1–3) genau richtig. In den verschiedenen Themengärten wie zum Beispiel dem Apothekergarten, Färbergarten und Weidendom, im Bienenhaus, dem Steingarten und auf dem großen naturnahen Spielgelände mit Teich gibt es allerlei zu entdecken. Für das leibliche Wohl wird im Mühlencafé gesorgt, und im kultigen Ambiente der Naturbühne finden unterhaltsame Aufführungen statt.

75 **Golf- und Landclub Bad Salzuflen**

Bei der Golfanlage in Bad Salzuflen (Schwaghof 4) handelt es sich um die älteste in Lippe und eine der ältesten Deutschlands. Sie liegt in einer großzügig angelegten Parklandschaft mit altem Baumbestand. Die 18 Löcher sind idyllisch und gleichzeitig für den begeisterten Golfer herausfordernd konstruiert.

76 **Kanutour mit Rio Negro**

Auf den Wasserläufen der Bega und der Werre sowie der Weser und der Lippe bietet der Veranstalter Rio

Negro Kanu- und Outdoorevents GmbH (Ladestraße 6) Kanutouren für Familien oder größere Gruppen an. Die Landschaft einmal vom Wasser aus zu erleben, hat stets einen ganz besonderen Reiz.

WOLFSWIND

Tara Wolf war spät dran. Ihre Wetter-App sagte etwas anderes als die von ihr bevorzugte Wetter-Webseite, und wenn sie nach draußen sah, zeigte sich ein wieder anderes Bild. Was also sollte sie anziehen? Sie freute sich auf ihre erste Teilnahme an einem Oldtimertreffen mit Ausfahrt durch das nordlippische Bergland. Aber irgendwie war heute der Wurm drin.

In der vergangenen Woche hatte sie es mit Peters Hilfe endlich hinbekommen, das Verdeck des Saab zu reparieren, sodass sie heute nicht nur offen fahren, sondern auch überhaupt teilnehmen konnte. Sollte es im Laufe des Tages kühler oder regnerisch werden, müsste das Dach auch wieder zu schließen sein. Aber danach sah es zumindest im Moment überhaupt nicht aus. Die Sonne strahlte vom Himmel, und so entschied sich Tara für das dunkelgrüne Sommerkleid mit den weißen Punkten, einen passenden Schal sowie den kreisrunden Strohhut, von dem sie wusste, dass er bei moderater Fahrt nicht fortfliegen würde. Und damit es nicht ganz so aussah, als ob Tara nach Ascot zum Pferderennen gehen würde, trug sie zu dem Kleid ihre Doc Martens.

Sie würde für Angus fahren, der den Termin schon beim Jahreswechsel in den Kalender eingetragen hatte. Und für sich selbst. Einfach, weil sie weiterleben musste. Und wollte. Auch wenn es ein anderes Leben war als die schöne gemeinsame Ehezukunft mit Angus, die sie sich ausgemalt hatte.

Weit war es nicht für Tara vom Weißen Weg in Lemgo

aus bis zum Aldi-Parkplatz in Dörentrup, der heute als Treffpunkt für die Fans klassischer Automobile diente. Dennoch brauchte sie länger als geplant, weil sie den alten Traktor am Rieper Berg nicht überholen konnte. Ob der auch am Oldtimertreffen teilnehmen würde? Das wäre eher ungewöhnlich für die sich anschließende Rundfahrt.

Tara führte sich in aller Ruhe die vom Organisationsteam geplante Route vor Augen. Es würde eine sehr schöne Tour werden, besonders der erste Teil zur Burg Sternberg 77 hinauf und von dort über Lassbruch fast bis zum legendären Motorradcafé »Die Kurve« 78. Tara bedauerte, dass dort kein Boxenstopp eingeplant war und die Ralleyroute schon vorher Richtung Almena abbog. Anschließend würden sie den alten Schienenstrang zwischen Rinteln und Barntrup überqueren, auf dem man eine Draisinentour 79 unternehmen oder mit der historischen Extertalbahn 80 fahren konnte. Den Berg hinauf nach Goldbeck würden sie an den lippischen Wasserfällen vorbeikommen, die man auf dem Patensteig 81 erwandern konnte.

Der alte Trecker vor Tara qualmte furchtbar vor Anstrengung, als es immer steiler bergauf ging. Aber so war das beim Cabriofahren eben. Man roch und fühlte alles, vor dem sonst das klimatisierte Auto schützte. Tara genoss das.

Als sie am Treffpunkt ankam, fand sie ein wenig abseits noch eine Parklücke neben einer nostalgischen Charleston-Ente mit geöffnetem Rolldach und der klassischen Zweifarblackierung in schwarz und bordeaux. Hier war gerade wenig los. Die meisten Oldtimer-Enthusiasten standen in Trauben um wenige Jaguar E-Types, Porsche 356 sowie einen Mercedes SL Flügeltürer und fachsimpelten mit den Besitzern. Tara machte sich auf den Weg zu dem bunten Pavillon, wo der Veranstalter das Teilnehmerfeld gerade durch die Lautsprecher enthusiastisch begrüßte. Sie kam an zwei T1-Bullis vorbei, einer in rot-weiß und einer mit blau-weißem Lack, unter dem zwei Männerbeine in Jeans hervor lugten. Hier legte wohl noch jemand letzte Hand an sein 60 Jahre altes Schätzchen an.

»Hi«, sagte Tara zu den Beinen. »Kann ich Ihnen helfen?«

Mordanschlag bei Oldtimer-Rallye

Verdächtiger Oldtimer-Killer endlich festgenommen

Lippe/Extertal. *Die 15. Auflage der Nordlippe-Classics fand am vergangenen Sonntag bei strahlendem Sonnenschein statt. Überschattet wurde die Veranstaltung jedoch von einem Mordanschlag auf einen der Oldtimer-Piloten.*

Bereits bei zwei vorangegangenen Young- und Oldtimertreffen in diesem Jahr waren Fahrer mit ihren klassischen Fahrzeugen tödlich verunglückt (wir berichteten). In beiden Fällen konnte die Polizei einen gezielten Eingriff in die Fahrzeugtechnik als Unglücksursache nachweisen, die Identität des Täters jedoch nicht ermittelt werden.

Wie ein Polizeisprecher mitteilte, wurde der 52-jährige Edgar M. dringend tatverdächtig noch auf dem Parkplatz eines Discounters in Dörentrup verhaftet, nachdem er von einer aufmerksamen Mitbürgerin dabei entdeckt und glücklicherweise davon abgehalten werden konnte, einen fernsteuerbaren Sprengsatz unter einem Fahrzeug anzubringen.

Bei der Zeugin handelt es sich um eine Mitarbeiterin der lippischen Justizbehörden, die als Teilnehmerin ebenfalls bei den Nordlippe-Classics anwesend war. Dank ihres beherzten Eingreifens konnte der Täter seinen mörderischen Plan nicht in die Tat umsetzen.

Veranstalter Willi Wöstenhof zeigte sich anschließend beruhigt: »Ein bisschen fuhr die Angst schon mit. Wir wussten ja aus der Vergangenheit, dass so etwas passieren konnte, aber man will sich den Spaß auch nicht verderben lassen.«

Der Start der Lipperlandrundfahrt wurde dann erst drei Stunden später freigegeben. Die Kriminalpolizei wollte sicherstellen, dass eine Gefährdung des Teilnehmerfeldes auszuschließen war, und untersuchte zunächst alle Fahrzeuge. Edgar M. wurde noch am Abend dem Haftrichter vorgeführt.

Ein Großteil der Teilnehmer entschied sich trotz allem dafür, die Rallye zu fahren und den Abend gemütlich am Zielort auf dem festlich geschmückten Schloss Wendlinghausen 82 *ausklingen zu lassen.*

Tja, der gute alte Kommissar Zufall, dachte Tara Wolf am nächsten Morgen. Sie saß in ihrem Büro bei Gericht und las in der Lippischen Landeszeitung, während sie mit einem großen Becher Kaffee Pause machte.

»Aufmerksame Mitbürgerin« war nun wirklich ein ganz klein wenig paradox. Sie kicherte in sich hinein. Denn wenn sie gestern Vormittag nicht so lange für die Vorbereitungen benötigt hätte, dann wäre sie nicht zu spät gekommen. Und wenn sie nicht zu spät gekommen wäre, dann hätte sie den Typen unter dem Bulli nicht angesprochen. Wenn … wäre … hätte … das Leben war schon merkwürdig. Nicht immer. Aber immerhin manchmal.

Der Bulli-Mann hatte dann auch nichts Besseres zu tun gehabt, als sie direkt anzuflirten: »Nee, ich komm klar. Danke. Aber Sie haben schöne Beine, soweit ich das von hier aus sehen kann. Bin gleich fertig hier, und wenn Sie Lust haben, können Sie heute mit mir um die Berge juckeln.«

»Danke, sehr freundlich«, hatte Tara nur gelacht. »Meine Mama hat mir verboten, zu fremden Männern ins Auto zu steigen. Außerdem bin ich mit meinem eigenen Wagen hier. Bis später dann mal.«

»Ihre Mama ist 'ne kluge Frau.« Der Bulli-Schrauber hatte munter weitergebrabbelt. Das hörte Tara jedoch nur noch mit einem halben Ohr. Denn als sie sich umdrehte, entdeckte sie einen Mann mit schwarzer Ferrari-Kappe, der vor einem dunkelgrünen MG hockte und etwas darunter zu befestigen schien. Als er damit fertig war, schaute er sich kurz um, stand auf und ging weg. Das war Tara dann aber doch merkwürdig vorgekommen, daher lief sie hinter ihm her. Als er sie bemerkte, rannte er los, sodass Tara nichts anderes übrig blieb, als quer über den Platz zu schreien, um möglichst viele Menschen auf den Flüchtenden aufmerksam zu machen. Gemeinsam hatten sie ihn dann festgehalten, bis die Polizei kam.

Zweimal war es ihm gelungen, seinen perfiden Plan in

die Tat umzusetzen. Das hatte drei Menschenleben gekostet. Der Täter hatte fernsteuerbare Sprengsätze an der Lenkung und den Bremsen installiert und sich dann an einer abschüssigen und kurvigen Stelle ins Gebüsch gehockt, von wo aus er nur noch auslösen musste. An vielen Straßen in Lippe führt eine Schussfahrt aufgrund defekter Lenkung und Bremse unweigerlich vor einen Baum oder in einen tiefen Graben. Allein das Motiv lag noch im Dunkeln. Aber dafür war es vermutlich auch noch ein wenig zu früh. Denn er erwies sich als sehr hartnäckiger Verhörter, wie Florian Dreier Tara zu berichten wusste.

Tara war froh, dass sie nicht genannt worden war. Bei ihrem Namen wäre ein »die 35-jährige Tara W.« alles andere als eine Anonymisierung ihres Namens gewesen. Sie hatte sich an ihren eher ungewöhnlichen Vornamen gewöhnt, den sie der Liebe ihrer Mutter zu »Vom Winde verweht« verdankte. Anders als Lou Ritter mochte sie ihren Namen, auch wenn sie in der Schule hin und wieder deswegen gehänselt worden war.

EXTERTAL

Das Extertal ist Bestandteil des lippischen Berglandes im Nordosten von Lippe. Es verdankt seinen Namen dem Flüsschen Exter, das die land- und forstwirtschaftlich aktive Gemeinde in Süd-Nord-Richtung durchfließt, um in Rinteln in die Weser zu münden. Wälder, Wiesen, Felder und beschauliche Dörfer prägen das Bild der Landschaft, die auf über 250 Kilometer gekennzeichneten Wegen zum Wandern einlädt und kurvenreiche Straßen zum Biken und Cabriofahren bietet.

Weitere Infos zu den Angeboten der Gemeinde:

Gemeinde Extertal
Mittelstraße 36
32699 Extertal
Telefon: 05262 402-0
Mail: info@extertal.de
www.extertal.de

Randnotiz
Bekanntestes »Kind« der Gemeinde ist der Rap-Musiker Casper (*1982).

77 **Burg Sternberg**

Die kurvige Strecke zur und rund um die Burg Sternberg (zirka 315 Meter über dem Meeresspiegel) bringt besonders Bikern und Cabriofahrern großen Spaß – aufgrund des Profils ist sie jedoch nur für trainierte Radfahrer geeignet. Egal, aus welcher Richtung Sie starten, ob westlich von Lemgo über Dörentrup, von Hameln oder Aerzen über das östliche Extertal, aus dem Süden von Barntrup oder aus nördlicher Richtung von Rinteln beziehungsweise aus dem Kalletal über Lüdenhausen kommend, Sie werden bis zur Burg immer auf schönen Routen durch das nordlippische Bergland fahren.

Die in Teilen erhaltene Höhenburg (Sternberger Straße 52) stammt vermutlich aus dem 12. Jahrhundert. Die historische Burganlage kann auf einem kleinen Rundweg um die Burg von außen besichtigt werden. Daneben geben verschiedene thematische Führungen Einblick in das Innere der Burg, die unter ihrem Dach das Brunnenhaus mit historischem Tretrad zur Wasserförderung sowie das Klingende Museum beherbergt. Die musikalische Museumsführung mit vielen historischen Instrumenten ist besonders spannend.

78 **Motorradcafé »Die Kurve«**

Ob Motorradtourist oder hartgesottener Biker – für alle Zweiradfans mit Benzin im Blut hält die Kult-Location an der Kükenbrucher Straße 13 Deftiges und

Süßes zur Stärkung bereit. Als eingefleischte Motorradfans bieten die Inhaber geführte Touren an oder helfen gerne mit dem Schraubenschlüssel aus.

79 Draisinentour

Die insgesamt 18 Kilometer lange Fahrrad-Draisinenstrecke startet in Rinteln am Draisinen-Bahnhof (Extertalstraße 35, 31737 Rinteln). Über 12 Stationen führt sie auf der 80 Jahre alten Bahnstrecke mit einer Gesamtsteigung von 1,1 Prozent bis nach Alverdissen. Malerisch schlängeln sich die Gleise durch Wald und Wiesen. An den Stationen besteht die Möglichkeit zum Einkehren, aber auch kleine Wanderungen können von hier aus unternommen werden.
Damit wirklich jeder in den Genuss dieses ganz besonderen Erlebnisses kommen kann, stehen drei Varianten von Draisinen zur Auswahl: Fahrrad-Draisinen, Rollstuhl-Draisinen zum Handbiken und Elektro-Draisinen.

80 Extertalbahn

Liebhaber historischer Eisenbahnen werden im Extertal fündig: Auf zwei Strecken und einer Vielzahl von aktiven E-, Dampf- und Dieselloks sowie historischen Waggons gibt es eine Menge zu sehen und erleben. Die Extertalbahn verkehrt zwischen Bösingfeld und Barntrup und die Begatalbahn zwischen Barntrup und Dörentrup. Auf Anfrage können Fahrräder mitgenommen werden. Die Extertalbahn fährt derzeit sechs Haltestellen beziehungsweise Bahnhöfe an, von wo aus interessante Fahrradtouren geplant werden können.

Weitere Informationen zu den Fahrplänen sowie für Eisenbahn-Nostalgiker unter: www.landeseisenbahn-lippe.de.

81 Patensteig – rund um die lippischen Wasserfälle

Der Patensteig ist ein besonders schöner und abwechslungsreicher Wanderweg: Kleine Waldwege an Bachufern wechseln auf gut sechs Kilometern mit breiten Feldwegen, die einen weiten Blick in das nordlippische Bergland bis zur Porta Westfalica freigeben, dem als Westfälische Pforte bezeichneten Durchbruchstal der Weser.

Ungefähr auf der Hälfte der Verbindung L758 zwischen Barntrup und Rinteln zweigt die Straße Im Siek in östlicher Richtung ab. Nach zirka 100 Metern befindet sich auf der linken Seite ein kleiner Parkplatz, von dem aus man auf den hervorragend ausgeschilderten Wanderweg startet.

Schmale Waldwege, das Überqueren von Bächen auf Trittsteinen oder steile Auf- und Abstiege erfordern unbedingt festes Schuhwerk. Für kleine und große Wanderer gibt es viel zu entdecken: Highlights sind eine Feenquelle, ein Hexenstein, verschiedene Wasserfälle mit einer Höhe von vier bis sechs Metern, Findlinge aus der Eiszeit, ein Katzengoldsteinbruch und natürlich jede Menge Wasser, Matsch, Steine und Stöcke.

Ein kleiner Geheimtipp für trittsichere Abenteurer: Nach ergiebigen Regenfällen ist der Weg zwar am schwierigsten begehbar, aber es lohnt sich, weil viel Wasser eben mehr Spaß macht.

DÖRENTRUP

Die fünf Dörentruper Ortsteile Bega, Hillentrup, Humfeld, Schwelentrup und Wendlinghausen blicken auf eine über 700-jährige Geschichte zurück. Die Gemeinde bietet eine reizvolle Erholungslandschaft, engagiert sich intensiv im Ausbau regenerativer Energien und gehört so zu einer kleinen Zahl von Gemeinden in Deutschland, die weniger Energie verbrauchen als sie erzeugen.

Weitere Infos zu den Angeboten der Gemeinde:

Gemeinde Dörentrup
Poststraße 11
32694 Dörentrup
Telefon: 05265 739-0
www.doerentrup-lippe.de

82 Schloss Wendlinghausen

Zwischen 1613 und 1616 errichtete Hilmar (der Jüngere) von Münchhausen (1558–1617) das Weserrenaissance-Wasserschloss in Wendlinghausen (Am Schloss 4), das von einem malerischen und ökologisch bedeutsamen Schlosspark umgeben ist. Gern gesehener Gast auf dem Schloss war der als Lügenbaron bekannte Hieronymus Carl Friedrich von Münchhausen (1720–1797).

Hilmars Mutter war Lucia von Reden (zirka 1525–1583) – die Familie von Reden bewirtschaftet noch heute das Schloss und Gut Wendlinghausen mit Bio-Landwirtschaft, das für interessierte Besucher bei allerlei außergewöhnlichen und abwechslungsreichen Veranstaltungen seine Pforten öffnet. Ein Oldtimertreffen wie in der Story um Tara Wolf ist neben Schloss-, Literatur, Musik- und Kulturfesten, besonderen Gottesdiensten oder Kunstausstellungen eine der wiederkehrenden Veranstaltungen im Event-Kalender des Schlosses.

WOLFSSCHATTEN

Die Bullen nervten. Auf keinen war Verlass. Die einen schmierte er, die anderen bedrohte er. Das kam ganz darauf auf, wer auf was am besten reagierte. So lief das. Meistens sogar ganz gut und häufig sogar ziemlich lange.

Na gut – der Gärtner verzog das Gesicht – eine dritte Möglichkeit gab es natürlich auch noch. Ungestraft hatte sich bisher noch niemand mit ihm angelegt oder war aus dem gewohnten Muster ausgebrochen.

Klar! Cops töten war immer ein bisschen kniffelig. Egal, wie gut man das vorbereitete, es zog immer viel Arbeit nach sich.

Saubere Schnitte hatte der Gärtner am liebsten. Warum musste er die Braut am Leben lassen? Er hatte es noch nicht herausgefunden. »Mach, was du willst. Aber sie fasst du nicht an«, hatte Eddie ihm befohlen. Das hatte alles komplizierter gemacht. Vermutlich wäre es besser gewesen, Eddie gar nichts davon zu sagen. Fakten schaffen war oft genau die richtige Vorgehensweise.

Der Gärtner achtete nicht auf die Blicke der anderen Gäste. Ungeniert wischte er sich mit dem rechten Handrücken den Bierschaum vom Mund. Seine Motorrad-Kombi knarzte ein wenig, als er sich in dem Strandkorb auf der Terrasse der Windmühle Fissenknick 83 nach hinten lehnte. Er beobachtete wieder den kleinen blinkenden Punkt, der sich langsam auf der Landkarte seines iPad Mini bewegte. Es war immer hilfreich, die Lebensmuster der Zielperson zu kennen. Und sein Ziel joggte gerade um den gleichnamigen See im Naturschutzgebiet Norderteich 84.

Joggen und Wandern war dem Gärtner zuwider. Fetter Kolbenfraß. Was für eine Zeitverschwendung. Man geht durch den Wald und kommt wo an? Wieder an seinem Auto. Schwachsinniger konnte man seine Freizeit nicht verschwenden.

Krafttraining, ja, das mochte er. Den Pump spüren. Sehen, wie die Adern auf den Muskeln immer stärker hervortraten. Das war genau sein Ding.

Es ärgerte ihn, dass er immer noch keinen genauen Plan hatte, wie er dem Typen das Licht auspusten sollte. Heimlich still und leise irgendwo im Silberbachtal, auf dem Velmerstot 85 oder in der Bielsteinschlucht 86, wo der Vogel so gern wanderte und wo man ihn nach Vollstreckung links oder rechts des Weges hervorragend verschwinden lassen konnte?

Es würde wesentlich einfacher werden dieses Mal. Nicht eine ganze Kirche voller Bullen und hysterischer Hochzeitsgäste. Klar, einen guten Plan brauchte er natürlich auch. Vielleicht sollte er die Leiche doch irgendwo an prominenter Stelle platzieren? Damit endlich allen klar war, dass man sich besser nicht mit dem Gärtner anlegen sollte. Eine Parkbank bei den Externsteinen 87, im Bad Meinberger Kurpark 88 oder, hahahahahahaha, vor der Kapelle in Belle 89 – das wären perfekte Fundorte für einen viel zu neugierigen Cop. Der Gärtner zog den rechten Mundwinkel nach oben, nickte und nahm einen tiefen Zug aus dem Bierglas. Als eine Bedienung vorbeikam, zog er die rechte Augenbraue im Mr.-Spock-Style hoch, machte einen Grunzton und streckte ihr das Bierglas entgegen.

»Sie möchten noch ein Bier?«

»Jau!«

Wieder schauten die anderen Gäste komisch in seine Richtung. Er kannte das. Die Spießer sahen seine Motorrad-Kluft und dachten vermutlich, er solle besser kein Bier trinken, wenn er noch fuhr. Aber er wusste, was er vertrug. Jede Menge. Fahren konnte er auf jeden Fall noch. Manchmal auch töten. Je nachdem.

Und er würde den Bullen ausschalten. Das stand so fest wie sein A.C.A.B.-Tattoo auf seinem muskelbepackten Oberarm. Nur ein toter Cop war ein guter Cop. Der Gärtner würde abwarten, beobachten und dann sehr genau wissen, wann der richtige Zeitpunkt gekommen war, dem Typen das Licht auszupusten. Das war zwar weniger planbar als der Job auf der Hochzeit, aber es würde wieder für Aufsehen sorgen. Da war er sich sicher.

Alles in allem stimmten die Zutaten für einen perfekten Nachmittag. Es war zwar bedeckt, aber warm genug, um draußen zu sitzen. Die Wolken zogen sehr langsam über den Himmel, sodass nicht mit Niederschlag zu rechnen war. Seine beiden Kinder starrten so gebannt hinab auf die Bühne, dass sie sogar vergaßen, von den Riesenbrezeln abzubeißen, die seine Frau noch schnell zum Ende der Vorstellungspause gekauft hatte. Kein Geringerer als der Räuber Hotzenplotz höchstselbst trieb sein Unwesen auf der Freilichtbühne Bellenberg 90 und hielt Kasperl, Seppel und Wachtmeister Dimpfelmoser in Atem.

Doch Kriminalhauptkommissar Bernd Rohde war nicht bei der Sache. Er klatschte und lachte zwar an den richtigen Stellen, jedoch viel später als alle anderen im Publikum. Seine Frau hatte ihn schon mehrfach angestupst und, so laut sie eben flüstern konnte, »Beeerrrnnnnd!« geraunt. Sie war sowieso schon sauer, dass Bernd Rohde in der letzten Woche den Familienausflug mit den Schwiegereltern in das Traktoren-Museum Kempen 91 abgesagt hatte. Heute musste er sich zusammenreißen. Allein schon wegen der Kinder.

Doch es half nichts. Seine Gedanken drehten sich um einen wesentlich komplexeren Fall als Großmutters geklaute Kaffeemühle und den auf Petrosilius Zwackelmanns Schloss verschleppten Kasperl. Florian Dreier hatte recht. Die gesamte Ermittlungsakte zur Ermordung von Angus Buchanan war viel zu dünn. Jede Nachfrage wurde von höchster Stelle geblockt. Das hatte Rohdes Neugier geweckt, und er hatte Florian bei den Recherchen unterstützt. Was er dabei herausfand, verstörte ihn zutiefst. Natürlich war ihm als Ermittler bei der Kriminalpolizei kein menschlicher Abgrund fremd. Und selbstverständlich wusste er auch, dass es Korruption und Vetternwirtschaft in allen Ecken des Landes, vielen Unternehmen und Behörden gab.

Klar. Aber das hier?

»Hallo, Florian!« Tara Wolf freute sich, dass er von sich aus anrief.

»Ich hab was für dich«, sagte Florian Dreier.

»Was? Wirklich? Das ist ja großartig.«

»Freu dich nicht zu früh. Es ist nur ein Schnippselchen.«

»Ein Schnippselchen ist besser als nichts.«

»Es gefällt mir aber überhaupt nicht.«

»Wir sind doch nicht in einem Wohlfühl- oder Schönheitswettbewerb. Also, erzähl bitte.«

»Nicht am Telefon.«

»So schlimm?«

»So schlimm!«

Tara Wolf betrachtete traurig Florian Dreiers Gesicht. Es wirkte so friedlich, wenn man bedachte, was mit ihm geschehen war. Vermutlich sah er so aus, wenn er schlief. Aber das tat er ja nicht. Sie plagte das schlechte Gewissen. Zu sehr hatte sie ihn gedrängt, dass er ihr Informationen über den Killer ihres Mannes beschaffte.

Lange hatte er sich gesträubt. Und nun? Nun hatte Florian nachgegeben und umgehend dafür büßen müssen.

Es war ihre Schuld.

Ihre Schuld, dass der Mörder ihres Mannes es nun auch bei Florian versucht hatte. Offensichtlich stand der Killer auf spektakuläre Hinrichtungen. Anders konnte man es nicht nennen. Angeschossen vor der Polizeidienststelle Horn direkt vor der Burg 92. Wieder mit vielen Zeugen. Und erneut war dem furchteinflößenden Biker die Flucht gelungen.

Welch eine Ironie des Lebens! Florian hatte von Horn aus einen Teil des Pilgerweges 93 wandern und nur kurz vorher bei seinen Kollegen »Hallo!« sagen wollen, als der brutale Angriff auf ihn erfolgte.

Florians Kollege Bernd Rohde hatte Tara sehr bald nach der Tat angerufen, weil Taras Telefonnummer die letzte war, die Florian auf seinem Smartphone gewählt hatte.

»Was sagen die Medizinmänner?« Peter Falke hatte in der Krankenhaushalle auf Tara gewartet.

»Nicht viel. Wir müssen abwarten. Sie haben ihn in ein künstliches Koma versetzt. Er wird es vermutlich überleben, aber was dann wird, kann keiner sagen.«

»Scheibenkleister!«

Tara nickte.

»Und nun?«, fragte Peter.

Tara ließ bedröppelt die Schultern hängen. »Ich weiß auch nicht. Ich bringe euch alle in Gefahr. Ich muss …« Der Satz blieb unvollendet, denn Tara wusste selbst nicht, was sie musste. Sie war verzweifelt.

Peter Falke schüttelte energisch den Kopf. »Ich habe keine Angst.«

»Solltest du aber.«

»Und du erst.«

»Er ist immer einen Schritt schneller. Wie macht er das?«

»Komm«, sagte Peter Falke und legte seinen langen Arm um Tara. »Ich bring dich nach Hause.«

HORN-BAD MEINBERG

Horn-Bad Meinberg? Ein eigenartiger Name für einen Ort. Richtig, denn genaugenommen handelt es sich auch um zwei Orte: Horn und Bad Meinberg. Dabei ist Bad Meinberg der ältere Ortsteil, weil das Dorf Meinberg schon um 978, Horn hingegen erst 1248 gegründet wurde. Neben ihrer Funktion als repräsentative Residenz diente die Burg Horn 92 von 1364–1747 als Witwensitz der lippischen Grafen. Sie überstand sogar den Siebenjährigen Krieg (1756–1763).

Meinberg entwickelte sich im Lauf der Jahrhunderte zu einem Mineral- und Moorheilbad und darf sich seit 1903 Bad Meinberg nennen. Insbesondere die vielfältige Landschaft lädt zu spektakulären Erlebniswanderungen ein.

Ergänzende Infos zu den Orten sowie zu Führungen, Veranstaltungen und weiteren touristischen Angeboten:

GesUndTourismus Horn-Bad Meinberg GmbH
Parkstraße 10
32805 Horn-Bad Meinberg
Telefon: 05234 20597-0
Mail: info@hornbadmeinberg.de
www.hornbadmeinberg.de

83 **Windmühle Fissenknick**

Die Mühle (Windmühlenweg 10 im Bad Meinberger Ortsteil Fissenknick) stammt vermutlich aus dem 14. Jahrhundert und hat eine bewegte Vergangenheit hinter sich, in der sie mehrfach zerstört und wieder aufgebaut wurde. Mit ihrem runden, gemütlichen Gastraum eignet sie sich hervorragend als Einkehrziel. Bei schönem Wetter findet sich ein lauschiges Plätzchen draußen im Strandkorb oder unter den riesigen Kastanien.

84 **Naturschutzgebiet Norderteich**

Um den knapp 12,5 Hektar großen See mit Röhricht- und Bruchwaldzone führt ein gut begehbarer Spazierweg (leider nicht für Rollatoren geeignet). Auf der rund drei Kilometer langen Strecke bieten sich je nach Jahreszeit schöne Ausblicke auf den See, die Tier- und Pflanzenwelt (Navigationsadresse Entenkrugweg 27, Horn-Bad Meinberg – der Entenkrugweg zweigt von der Pyrmonter Straße/B239 ab).

85 **Velmerstot und Silberbachtal**

Eine höchst abwechslungsreiche Wanderung (zirka neun Kilometer) mit großartigen Aussichten verspricht der Weg durch das malerische Silberbachtal hinauf zum Zwillingsgipfel Lippischer Velmerstot (441 Meter) und Preußischer Velmerstot (468 Meter). Ausgangspunkt ist entweder der kostenlose Waldparkplatz oder der kostenpflichtige Parkplatz direkt am Waldhotel Silbermühle. Sie erreichen beide über

die Straße »Neuer Teich«, die gut ausgeschildert von der Leopoldstaler Straße abbiegt.
Mit festem Schuhwerk ausgestattet geht es am Silberbach entlang flussaufwärts durch das wildromantische Silberbachtal unter alten Bäumen und zwischen mächtigen Sandsteinblöcken auf gut ausgeschilderten Wegen Richtung Lippischer Velmerstot. Dabei gibt es immer wieder alternative Routen: einen etwas flacheren, weiteren Weg oder eine steile, kürzere Variante. Beide Aufstiege haben ihren Reiz. Am Ende des Weges weicht der dichte Wald einer Heidelandschaft, aus der der Lippische Velmerstot als zerklüftete Felsformation hervortritt.
Einen knappen Kilometer entfernt – nur durch einen flachen Sattel getrennt –, befindet sich der höhere Preußische Velmerstot, dessen 17 Meter hohe Holzplattform einen hervorragenden Blick nach Osten bis zum Köterberg 125, nach Süden ins Sauerland, nach Westen ins Paderborner Land und im Norden auf das Hermannsdenkmal 33 bietet. Hier, am Preußischen Velmertot, geht der Hermannsweg (Wegekennzeichen »H«) in den Eggeweg (Wegekennzeichen »X«) über.

86 Bielsteinschlucht mit Bielsteinhöhle

Wer hat nicht schon einmal davon geträumt, eine Höhle zu entdecken und diese dann mit Taschenlampen zu erkunden? In der Bielsteinhöhle ist dies zwischen Juni und August möglich. In den restlichen Monaten des Jahres dürfen die Fledermäuse nicht gestört werden!
Die Bielsteinhöhle liegt in der etwa 300 Meter langen Bielsteinschlucht. Für den Weg dorthin sollte

man gut zu Fuß und mit festem Schuhwerk ausgestattet sein. Als Startpunkt der landschaftlich sehr abwechslungsreichen Strecke bietet sich die Haltebucht an der K98/Bauernkampstraße (Navigationsadresse: Bauerkamp 1, Schlangen) an. Eine Infotafel gibt Auskunft über die verschiedenen, zwischen vier und zehn Kilometer langen Rundwanderwege. Der Rundwanderweg A4, für den auf der Infotafel eine etwas zu knapp bemessene Strecke von fünf Kilometern ausgewiesen ist, führt zur Bielsteinschlucht. Der A4 ist gut ausgeschildert, und der Einstieg in die Felsenszenerie der aus Plänerkalk bestehenden Bielsteinschlucht ist gut erkennbar.
Einige Hundert Meter weiter befindet sich das abgesperrte Lukenloch – durch versickerndes Regenwasser hat sich der Kalkstein aufgelöst. An dieser Stelle sind die Deckschichten trichterförmig eingestürzt. Es besteht die Gefahr, dass die Höhle bei fortschreitendem Erosionsprozess irgendwann vollständig einstürzt.

87 Externsteine

Die Externsteine gehören unstrittig zu den spektakulärsten Natur- und Kulturdenkmälern Mitteleuropas, laut GEO sogar zu den märchenhaftesten Orten weltweit (Frühjahr 2017). Man erreicht die bizarre Felsformation aus Osningsandstein über die Externsteiner Straße/L828 (Navigationsadresse ist das Infozentrum, Externsteiner Straße 35, Horn-Bad Meinberg). Sie gehört zur mittleren Gebirgskette des Teutoburger Waldes und stammt vermutlich aus der Unterkreide. Durch tektonische Bewegungen der Erdkruste wur-

den die ursprünglich flach liegenden Steine aufgestellt (siehe Augustdorfer Dünenfeld 40).
Entstanden ist eine beeindruckende Felsgruppe aus insgesamt 13 Steinen am ansonsten eher steinfreien Nordostabhang des Teutoburger Waldes. Nur vier der bis zu 40 Meter hohen Steine stehen vollständig frei und sind als Externsteine bekannt. Von Osten aus betrachtet werden die Felsen von rechts nach links nummeriert. Zwischen Fels 3 (Treppenfels) und Fels 4 (Großer Fels mit Wackelstein und landesherrlichem Wappen) führte von 1912 bis 1953 die Straßenbahnlinie Paderborn–Horn hindurch.
Menschliche Spuren finden sich insbesondere in Fels 1 in den verschiedenen Grotten und dem gewaltigen, in den Fels geschlagenen Kreuzabnahmerelief (4,8 × 3,7 Meter), dessen Entstehung auf das Jahr 1150 geschätzt wird. Fels 2, der Turmfels, ist der höchste Fels der Formation, verfügt über eine Höhenkammer mit Altarnische und kann über eine Brücke von Fels 3 aus bestiegen werden.
Graf Hermann Adolf zur Lippe (1616–1666) ließ um 1660 an der Ostseite der Steine eine Festungsanlage errichten, die sich an die Steine anlehnte und als Jagd- und Lustschloss dienen sollte. Um 1811 wurde die Anlage von Fürstin Pauline zur Lippe (1769–1820) abgerissen. Sie ließ außerdem den Fluss Wiembecke aufstauen, sodass der kleine See entstand, der nördlich von Fels 1 liegt und das Ensemble romantisch abrundet. Über das Infozentrum können spannende Themenführungen (auch als Segway-Tour) gebucht werden, gleichzeitig bietet es auf einer großen Ausstellungsfläche einen detaillierten Einblick in die

Geschichte der Externsteine sowie die diese umgebende Natur.
Auf verschiedenen Wanderwegen (A1 bis A4) kann die Gegend um die Externsteine auf eigene Faust erkundet werden. Der A4 führt zur Falkenburg 38 und über den X7/34 gelangen Sie zum Barnacken, der mit 446 Meter höchste Berg des Teutoburger Waldes.

88 **Kurpark und Umgebung**
Als Ausgangspunkt für einen Spaziergang oder eine Walkingrunde durch das Bad Meinberger Kurpark-Ensemble bietet sich der Parkplatz Ecke Hamelner Straße und Brunnenstraße an.
Vom Parkplatz aus gelangt man in südlicher Richtung in den Seekurpark mit Wasserfontäne, an den sich Richtung Westen der Historische Kurpark mit dem Brunnentempel anschließt. Am Eingang zum Historischen Kurpark befindet sich ein Wegweiser, der nördlich in den Bergkurpark oder südlich zur Meinberger Moormeile führt. Auf der knapp vier Kilometer langen Moormeile, dem Rundwanderweg durch das Schwefelmoor am Rande der Stadt, wird im Süden die Moorpipeline unterquert. Der für die Anwendungen in den Kurhäusern benötigte Badetorf wird recycelt, indem er via Pipeline an seinen Ursprungsort zurückgebracht wird und sich dort für lange Zeit erholen kann. Torf wird nur ungefähr alle 15 Jahre an derselben Stelle gestochen. Bevor es ab der Infosäule »Moor« wieder zurück in den Ort geht, lohnt ein Abstecher zum Moorstich hinüber, wo es an einer Hütte die Möglichkeit zum Moortreten gibt.
Wer neben Bad Meinberg noch weitere Heilbäder

erkunden will, ist auf dem Bäderweg richtig, der von hier aus an einer mit Galloway-Rindern beweideten Wiese weiter Richtung Süden führt. Der Bäderweg ist ein insgesamt 74 Kilometer langer Rundwanderweg zwischen Bad Meinberg, Bad Driburg und Bad Lippspringe.

Doch auch zurück in Bad Meinberg gibt es noch etwas Besonderes zu entdecken: Vom Parkplatz aus überquert man die Hamelner Straße in östlicher Richtung und folgt den Hinweisschildern Richtung »Silvaticum«, einem Länderwaldpark mit über 100 Baum- und Straucharten aus zahlreichen Erdteilen.

89 **Kapelle in Belle**

Fachwerkkirchen sind sehr selten im Weserbergland. Die Kapelle im Ortsteil Belle (B239/Pyrmonter Straße 141) ist die einzige noch erhaltene Fachwerkkapelle in Lippe. Sie stammt aus dem Jahr 1741. Die künstlerische Gestaltung der Gefache, aber auch die Anordnung der Balken ist sehenswert: Die Gefache zeigen unterschiedliche Muster durch die sehr schmuckvolle Ausmauerung mit Backsteinen. An einigen Stellen, beispielsweise über und unter den Fenstern oder auf der Rück-/Ostseite, dienen die Balken nicht nur als horizontales Aussteifungselement, sondern gleichzeitig als Gestaltungselement durch die Anordnung in Form von Andreaskreuzen. Kanzeln und Orgelempore sind im Barockstil gestaltet.

90 **Freilichtbühne Bellenberg**

Ein tolles Ausflugsziel für einen unterhaltsamen Familiennachmittag ist die teilüberdachte und barrierefreie Naturbühne im Ortsteil Bellenberg (Zur Freilichtbühne). Die Parkplätze sind kostenlos, die Bühne am Waldrand mit sehr guter Akustik erinnert an die Form eines Amphitheaters. Alle Schauspieler, Helfer und Organisatoren sind Laien und arbeiten ehrenamtlich mit. Die heiteren Volks- und Kinderstücke der Freilichtbühne richten sich vor allem an Familien. In den Pausen wird für das leibliche Wohl gesorgt: Gegrilltes, aber auch Spezialitäten der Region stärken kleine und große Ausflügler. Die Spielzeit ist in der Regel von Mai bis September.

91 Traktoren-Museum Kempen

Für Fans alter landwirtschaftlicher Maschinen ist das Museum (Kempener Straße 33/geöffnet von April bis Oktober) ein absolutes Muss. Vom Mittelalter bis in die 1960er-Jahre spannt sich der Bogen der Sammlung, die aus zirka 60 Traktoren sowie über 100 alten landwirtschaftlichen Geräten und Gebrauchsgegenständen besteht.

92 Burg Horn

Die Burg (Burgstraße 13) grenzt an gut erhaltene beziehungsweise restaurierte Stadtmauerteile, und insbesondere der Turm hat baulich eine bewegte Vergangenheit hinter sich, obwohl das Bauwerk keiner kriegerischen Zerstörung ausgesetzt war. Horn kaufte sich in der Soester Fehde (1447) frei und wurde so – anders als Blomberg – verschont. Vermutlich wurde Horn von Bernhard III. zur Lippe (1194–1265) gegründet, der die verkehrsgünstige Lage des Ortes geschätzt haben dürfte. Aus dieser wichtigen Trasse

entwickelte sich die B1, die heute noch Paderborn und Hameln verbindet.
Bernhards Enkel Simon I. zur Lippe (1275–1344) wählte die Burg Horn als Witwensitz für seine Frau Adelheid von Waldeck (etwa 1264–1339/1342), die jedoch nie in die Burg einzog, da sie vor ihrem Mann verstarb.
Im Inneren der Burg befindet sich das Burgmuseum, das für große und kleine Ritterfans als Highlight unter anderem die Zweihandschwerter der »Horner Schlachtschwertierer« aus der Zeit um 1600 zeigt.
Eine Straße weiter (Mittelstraße) befindet sich das Rathaus auf der Westseite des Marktplatzes – ein zweiflügeliges Gebäude mit gotischen Stilelementen, das 1866 auf den abgebrannten Ruinen des spätmittelalterlichen Vorgängerbaus errichtet wurde. Der Marktplatz war im 16. und 17. Jahrhundert unrühmlicher Schauplatz grausamer Hexenprozesse (ähnlich wie in Lemgo).

93 Pilgern in Lippe

Auf den Weg machen … Ruhe genießen … Entschleunigen … Unterwegs sein mit Gott und in der Natur … Schweigend gehen … Mit sich selbst allein sein.
Es gibt viele Gründe, warum Menschen pilgern. Diese sind schon seit über 1.500 Jahren so individuell, wie jeder einzelne Mensch in seinem Sein und seinen Bedürfnissen ist. Auf 162 Kilometern können Sie durch die abwechslungsreiche lippische Landschaft wandern und dabei zur Ruhe kommen. Zur Orientierung dient dabei das Wegezeichen mit weißem Fisch auf schwarzem Grund. Insgesamt 24 Kirchengemeinden nehmen teil.

Horn-Bad Meinberg mit seinen spektakulären Naturdenkmälern liegt auf dem südlichen Teil der Westschleife des Pilgerweges. So können Wanderer innere Einkehr mit Momenten ehrfürchtigen Staunens verbinden.
Auf www.pilgern-in-lippe.de finden Sie Informationen zur Wegführung und den gastgebenden Kirchengemeinden. So fällt die Routenwahl leicht, da von Kirche zu Kirche, von Ort zu Ort geplant werden kann. Ferner können Sie über die Homepage das Buch zum Weg bestellen, in dem einzelne Einstiege und Etappen beschrieben sind.

WOLFSHASS

Ich weiß, wo du wohnst.

Ich weiß, dass du allein bist.

Obwohl unsere Zeiten oft nicht zusammenpassen, sehe ich dich. Zumindest hin und wieder. Habe Augen für dich. Und Ohren. Bin bei dir. All meine Gedanken drehen sich um dich.

Die schöne Richterin, die mich verurteilt hat.

Noch 220 Tage.

Manchmal schaue ich dir einfach zu. Wie du von einem Raum in den anderen gehst. Etwas holst oder etwas zu tun hast. Wenn es dunkel wird. Oder hell.

Oft bist du nicht zu Hause.

Manchmal denke ich, du schaust mich an, wie du so am Fenster stehst. Dein Blick geht in die Weite. Sinnierend. Was denkst du gerade? Wahrscheinlich bist du traurig. Weil er nicht mehr da ist.

Wenn du mich besser kennen würdest, wären deine Gedanken bei mir.

Aber alle Geschichten gehen einmal zu Ende. Da kann man nichts machen. Ob es passiert, weil es einfach passiert, oder geschieht, weil es geschehen soll – wer weiß das schon? Und ist das überhaupt wichtig?

Du hast es wirklich schön. Gut, dass du jetzt alleine lebst. Ich warte noch ein wenig. Das gebietet der Anstand, oder?

Du siehst sehr schön aus im Gerichtssaal, wenn du ernst in die Runde schaust. Warum warst du so streng mit mir? Du hast so tolle Haare. Dieses Rot. Diese Locken. Ist es nicht anstrengend, sie jeden Morgen zu bändigen? Ich mag deinen Stil. Die riesige Schmetterlingsbrille, die du bei Gericht trägst.

Ich kannte dich ja zunächst nur aus dem Gerichtssaal. Das war ganz schön viel Arbeit, deine Adresse herauszufinden. Meine Freigänge habe ich mir natürlich redlich verdient. Gutes Benehmen und so. Du weißt schon. Vielleicht könnte ich doch noch eine soziale Stütze der Gesellschaft werden, meinte der Psycho-Onkel. Hihi. Der mit seinen komischen Tests und Fragen.

Erst habe ich dich gar nicht erkannt, mit offenen Haaren und ohne Brille. Wow. Da bist du ja noch schöner. Ich dachte, ich hätte mich in der Adresse vertan. Das ist echt eine gute Tarnung, die du da bei Gericht trägst. Schlaues Mädchen. Wirklich. Und hey, privat, wenn du die Haare offen hast, das sieht Hammer aus.

Aber mal im Ernst: alte Boxer-Shorts und T-Shirts von deinem toten Kerl als Schlafanzug? Ich muss schon sagen. Wer von uns beiden ist die kranke Person?

Ich hasse dich.

Ich liebe dich.

Ich hasse dich.

Ich will dich.

Kannst du dir ansatzweise vorstellen, wie sehr?

Hast du eine Idee davon, was ich durchmachen musste, seit du mich in dieses Dreckloch geschickt hast?

Sie lassen mich nicht in Ruhe.

Ständig will jemand etwas von mir.

Und jetzt will ich etwas von dir.

Ich werde dich töten. Du wirst nichts spüren. Na gut, vielleicht einen kleinen Piks am Bein, während du dich in einer

Menschenmenge bewegst. Wenn du feststellst, dass du die Injektion bekommen hast, wird es zu spät sein. Es gibt kein Gegengift.

Weißt du, es gibt viele Gifte, und man sagt, Frauen töten gern mit Gift. Ist ein jahrtausendaltes Gerücht. Kann sein. Statistik ist mir völlig egal. Wichtig ist nur, dass es funktioniert. Und möglichst keiner auf mich kommt.

Gift gilt als Waffe der Schwächeren. Es heißt, man müsse nicht so mutig sein. Oder kräftig. Ja, kann auch sein. Bei dem, was ich mit dir vorhabe jedoch, wird es gar nicht so einfach werden, dir unbemerkt die Spritze in den Oberschenkel zu stechen und ungesehen wieder zu verschwinden. Du bist öfter als gedacht an Orten mit vielen Menschen.

Ich habe mir etwas Besonderes für dich ausgedacht. Das bin ich dir schuldig.

Hast du eine Idee davon, wie es hier drin ist? Der immer gleiche Tagesablauf? Wie schwere Metalltüren im Kopf hämmern, wenn sie zufallen? Wie diese ständigen Schreie und Flüche nerven? Die plärrende Musik, die Streitereien, Gebete und Drohungen. Tropfende Wasserhähne. Wie man der Geruchswolke aus Schweiß, Adrenalin, geöltem Stahl und scharfem Reiniger nur entrinnen kann, wenn man dem Innenbereich entkommt? Das ist die Kakophonie des Vollzugs. Ja, da staunst du, was ich inzwischen gelernt habe, nicht nur neue Wörter. Auch vieles andere.

Stimmt, ich habe einen Fehler gemacht. Ich hätte mich nicht erwischen lassen sollen. Warum musstest du mich aber auch verurteilen? Hätten wir das nicht anders regeln können?

Was mich wirklich verändert hat, war die Pilgerwanderung. Das kam mir erst wie ein ziemlicher Hokuspokus vor. Psycho-Therapie-Quatsch. Wir sind von einer Kirche zur anderen gewandert. Keine Ahnung, wie die hießen. Als ich nach zwei Stunden einfach so in der Kirche saß und vorne auf das Kreuz schaute, wusste ich – du und ich. Das ist etwas ganz Besonderes.

Ich schaue dich an. Jeden Tag, ich habe dein Bild versteckt. Schließlich soll ja niemand etwas von uns wissen. Das würdest du doch auch wollen, oder? Ich denke, es passt ganz gut. Magst du es romantisch? Oder lieber hart?

Ich habe das über euch gelesen. Dass sie deinen Mann erschossen haben. Das ist gut, nicht wahr? Jetzt bist du frei für mich.

Unseren ersten Spaziergang sollten wir vielleicht irgendwo machen, wo man uns nicht oder nicht so gut kennt. Was meinst du? Oben, beim Taller Wichtel 94 *ist meist nicht viel los. Ich kenne mich da aus. Wenn ich als Kind meine Oma und meinen Opa in Talle besucht habe, sind wir vor dem Kaffeetrinken oft dort oben spazieren gegangen. Natürlich gab es da den Wichtel noch nicht, aber Opa hat mir jedes Mal erklärt, wie toll die Aussicht ist. Er meinte immer, man müsse doch wissen, was man sieht, sonst könne man die Welt nicht genießen.*

Du magst die Natur auch, oder? Wollen wir dein altes Cabrio nehmen? Ich habe ja im Moment kein Auto. Und ich hasse Busfahren. Das ist schon sehr umständlich, zu dir zu kommen. Dann bist du manchmal nicht da, und ich warte umsonst. Das macht mich wütend, weißt du?

Meine erste Freundin kam aus Hohenhausen. Die wohnten am Waldrand in der Hasenbrede. Bei denen roch es immer so komisch, weil die Mutter gerne Leber in Zwiebeln anbriet. Oder es gab Wurstebrei mit Sauerkraut. Ich hab mich davor geekelt, aber meine Freundin konnte gut küssen. Da nimmt man einiges in Kauf. Hinter dem Haus begann gleich ein Buchenwald. Als ich Opa davon erzählte, meinte er, das sei schon etwas Besonderes. Opa kannte sich aus. Jetzt ist er im Altersheim und erkennt mich nicht wieder.

Aber ich will ja in die Zukunft schauen. Vielleicht bringe ich dir Wakeboarden bei. Magst du Wassersport? Du hast ja noch diesen schönen großen Volvo-Kombi. Da passt alles rein. Wir machen uns einen sonnigen Tag im Weserfreizeitzentrum **95**. *Dann kann ich dich auch endlich im Bikini sehen. Puh. Da warte ich schon so lange drauf.*

Jetzt sag nicht, du würdest lieber in dieses verstaubte Wald- und Forstmuseum **96** *gehen? Mit all den ausgestopften Tieren. Aber gut, mit dir würde ich sogar dorthin gehen.*

Ich habe mich wirklich gut benommen. Oh ja! Wenn ich will, kann ich ein lieber Mensch sein. Alles habe ich richtig gemacht. Ganz leicht ist es mir nicht gefallen. Aber wenn man ein Ziel hat, schafft man vieles. Geht dir das nicht auch so?

Freier Vollzug. Das magische Ziel. Nun ist es da. Jetzt bin ich dir viel näher. Kann dich in echt sehen, nicht nur das blöde Bild.

Manchmal muss ich sehr lange warten, bis du endlich nach Hause kommst. Ich hätte nicht gedacht, dass Richter so lange arbeiten müssen.

Ich mag es gar nicht, dass dieser komische Johnny-Cash-Verschnitt ständig bei dir rumhängt. Dieser Spargel in Schwarz. Mit seinem komischen Pferde-Spleen. Westernreiten. Was ist das für ein Quatsch? Du hast doch mich. Was willst du von dem? Er ist doch nur ein Freund, oder? Nicht mehr?! Das würdest du mir nicht antun. Wir zwei sind füreinander bestimmt. Wer weiß? Vielleicht sogar bis in den Tod?

Abends muss ich immer bis spätestens um zehn zurück sein. Oft habe ich dann nur noch eine halbe Stunde mit dir, bevor ich los muss. Aber du musst vorsichtiger sein. Du kannst doch nach dem Duschen nicht einfach nackt durchs Haus laufen. Jemand könnte dich beobachten. Ich bin schließlich nicht immer da, um auf dich aufzupassen. Und wir wollen doch nicht, dass dir etwas passiert.

Jetzt muss ich mich doch ein wenig vorsehen. Letztens fragte jemand, wer meine Else wäre. Ich hab gesagt, keiner dürfe dich Knast-Else nennen … denn das bist du nicht! Du bist etwas Besonderes. Ich hoffe sehr, du entscheidest dich für mich, das nächste Mal. Es wäre wirklich schade um dich. Zwing mich bitte nicht dazu. Hör auf, ständig diesem komischen Typen die Tür aufzumachen und ihn in dein Haus und Leben zu lassen. Das junge Mädchen ist okay, hoffe ich. Obwohl: Die sieht dich auch immer so an. Ich glaub, sie mag dich. Keiner mag dich mehr als ich. Manchmal muss man töten, was man liebt.

Ach übrigens: Ich habe angefangen zu lesen. Alte dicke Bücher. Mir hat Charon gefallen. Der alte Fährmann. Jetzt werde ich selbst zu dem alten Fährmann, der dich über den Fluss Styx in den Hades bringt. Dort gehörst du nur mir. Dort bist du sicher. Ja, ich bin dein Fährmann. Irgendjemand muss dir den Obolus für die Überfahrt unter die Zunge legen. Ich werde es nicht sein.

Die stellen sich echt an, hier in Deutschland. Kriegswaffenkontrollgesetz. Also wirklich. Okay, ein stärkeres Gift kommt in der Natur nicht vor. Zumindest keines, gegen das es kein Gegenmittel gibt. Die süße Frucht der Rizinusstaude. Manche nennen sie auch Wunderbaum. Das ist gut. Das mag ich. Da kann man sich zu Tode wundern. Ich lese auch über alte Fälle. Da lernt man eine Menge. Zum Beispiel Georgi Markow. Sagt dir das was? Das war so eine typische Kalte-Krieg-Nummer im September 1978. Er flieht aus Bulgarien, kritisiert die kommunistischen Machthaber, die sich das nicht lange bieten lassen. Eine Szene wie aus einem alten Spionage-Krimi von John le Carré. Da staunst du, was ich inzwischen alles weiß, hm? Ein nebliger Septembermorgen – kennst du übrigens das Gedicht von Eduard Möricke, aber ich schweife ab – an der Bushaltestelle Waterloo Bridge in London. Der Mörder schießt aus einem speziell angefertigten Regenschirm ein kleines Projektil in Markows Bein, der den Stich sogar spürt. Aber es ist zu spät. Bereits am Abend bekommt er Fieber, und vier Tage später ist er tot.

Jetzt kann ich dir sogar immer zuschauen. Toll, wie klein diese Kameras heutzutage sind. Und wo man die überall einbauen kann. Hast du eine Vorstellung davon, wie lange ich darauf sparen musste? Das ist nicht einfach hier drin. Die über der Dusche muss ich noch einmal umbauen. Die beschlägt immer, sobald du heißes Wasser andrehst.

Ich mag deinen Einrichtungsstil. Schöne Landschaftsbilder hast du. Keine Originale, oder? Ich musste ganz schön suchen, bis ich herausgefunden hatte, wie der Künstler heißt. Edward Hopper.

Und noch etwas weiß ich mittlerweile über dich: Ich war deine erste Verurteilung. Das vergisst man nicht, oder?

Vergisst man überhaupt irgendwann?

*

Tara Wolf blickte wie jeden Morgen nach dem Aufstehen mit einem Kaffeebecher in der Hand nach Westen auf die Stadt. Manchmal tauchte die Morgensonne die Dächer und Kirchtürme Lemgos in ein warmes Orange, manchmal peitschte der Westwind Regen gegen ihre bodentiefen Fenster, sodass sie die Silhouette der Stadt und die sanfte Hügellandschaft Lippes im grauen Einerlei nur erahnen konnte.

Heute meinte es die späte Herbstsonne gut und nach dem Regen der letzten Nacht brachen sich die Sonnenstrahlen funkelnd auf feuchten Blättern und Dächern. Samstags schlief Tara gern gemütlich aus, sodass es schon auf die Mittagszeit zuging. Den ersten Kaffee hatte sie bereits im Bett getrunken und während sie nun auf den Toast wartete, genoss sie die Ruhe des späten Vormittags.

Der Rasen lag feucht glänzend noch im Schatten des Hauses. Tara starrte auf die Fußspuren, die vom Feldrand über den Rasen bis zum Haus führten.

Sie ärgerte sich. Erstens, weil sie es vor Beginn der kalten Jahreszeit nicht mehr geschafft hatte, den Rasen zu mähen und er nun so hoch stand, dass man wie im Schnee jede Fußspur in ihm sah. Und zweitens, weil sich offensichtlich zum wiederholten Male jemand bei dem Weg über die Felder zum Wald hinauf verkalkuliert oder verlaufen und daher die Abkürzung über ihr Grundstück zur Straße gewählt hatte.

Als es dreimal an ihrer Haustür klopfte, schreckte sie hoch.

»Tara, bist du da?«

Peter! Tara sah an sich hinunter, überlegte kurz, ob sie sich etwas anziehen sollte, entschied sich dann aber dagegen und ging zum Hauseingang. Peter hatte sie schon vorher im Schlafanzug gesehen.

»Morgen, Peter.« Ihre Stimme knarzte noch etwas, da sie heute noch nichts gesagt hatte. Tara räusperte sich.

»Morgen ist gut!«, sagte Peter. Tara vermutete, dass er sicherlich schon bei seinen Pferden gewesen war. »Oh, sorry. Du bist noch im Pölter.«

»Hm. Komm rein. Willst du 'nen Kaffee?«

»Nee, ich muss noch ein Gatter ausbessern, aber ich wollte kurz fragen, ob du nachher zum Pickertessen kommen willst.«

Lippischer Pickert 97 gehörte zu Peters Spezialitäten. Tara wusste, dass er das alte Familienrezept verwendete, nach dem schon seine Mutter, Großmutter und Urgroßmutter gebacken hatten. Es war niemals aufgeschrieben, sondern nur überliefert worden. Tara fand es sehr lecker.

Vielleicht würde sie ihm von den Fußspuren erzählen. Vielleicht auch nicht. Sie wollte schließlich nicht wie eine alleinstehende hysterische Frau wirken.

KALLETAL

In Lippe ganz oben, so könnte man die Lage des Kalletals im nordlippischen Bergland beschreiben. Tatsächlich definiert der Verlauf der Weser die nördliche Grenze Lippes zum Kreis Minden-Lübbecke. Über 400 Kilometer Wanderwege wie der Weg der Blicke oder der Kalletalpfad durchziehen die Gemeinde mit ihren 16 in der Landschaft verstreuten Ortsteilen. Selbstverständlich kommen auch Radfahrer auf ihre Kosten, beispielsweise auf dem Weserradweg.

Weitere Infos zu den Angeboten der Gemeinde:

Gemeindeverwaltung Kalletal
Rintelner Str. 3
32689 Kalletal
Telefon: 05264 644-0
Mail: info@kalletal.de
www.kalletal.de

94 Taller Wichtel

Mit Aussichtspunkten, die eine großartige Fernsicht bieten, ist man im lippischen Bergland an vielen Stellen gesegnet. Ein wirklich einzigartiger Ort ist in der Nähe des Bergdorfes Talle zu finden. Hier wird der Blick in die Röhre wörtlich genommen: Fern-Sehen der besonderen Art. Der Taller Wichtel, der seinen Namen seinem Aussehen verdankt, ist ein kunstvoll bearbeiteter, über 110 Jahre alter Lärchenstamm mit einem runden Spitzdach. Ungefähr in Brusthöhe befindet sich ein durchbohrter Quader. Schaut man in nördlicher Richtung durch diese Röhre, erblickt man die Porta Westfalica (Tal im Weserverlauf zwischen Wiehen- und Wesergebirge) mit dem Kaiser-Wilhelm-Denkmal, Richtung Süden reckt der Hermann 33 sein Schwert über dem lippischen Bergland in die Höhe. Für Wanderfreunde bietet sich als Startpunkt des Spaziergangs zum Taller Wichtel der Parkplatz zwischen Taller Straße 8 und 10 an. Auf der gegenüberliegenden Straßenseite beginnt Am Kronshagenhof, auf dem man sich links hält bis zur Fliegenstraße. Dieser folgt man immer weiter bergan, bis sie zunächst in einen zuweilen recht steilen Feldweg übergeht und anschließend auf die Straße Im Hagen mündet. An der nächsten Abzweigung rechts halten, bis Sie nach etwa 250 Metern den Taller Wichtel erreichen. Alternativ eignet sich die Straße Im Hagen als Navigationsadresse, von wo aus der Taller Wichtel auf geteertem Weg erreicht werden kann.

95 Weserfreizeitzentrum

Hervorragende Freizeitmöglichkeiten mit viel Wasser-Action für Groß und Klein bietet die Stemmer Seenplatte (Seeweg 1). Während die Kinder im Campingpark Kalletal am Ufer des Stemmer Sees spielen oder die Pirateninsel erkunden, bleiben sie immer im Blick der Eltern, die es sich am Strand gemütlich machen können. Auch für Sportbegeisterte wird einiges auf der Stemmer Seenplatte geboten: Neben einer kleinen Surfzone sorgt eine 800 Meter lange 5-Mast-Anlage zum Wasser-Ski-Laufen oder Wakeboarden für jede Menge Spaß. Wer es trockener mag, kann sich mit der Familie oder Freunden auf der 18-Loch-Swing-Golfanlage einen spannenden Wettkampf liefern.

96 Wald- und Forstmuseum

Allein das Museumsgebäude ist einen Stopp wert – beispielsweise auf dem Weg zum Motorradcafé »Die Kurve« 78. Die ehemalige Mühle (Kurstraße 7 im Ortsteil Heidelbeck) wurde im Jahr 1587 errichtet und ist heute viel mehr als ein Heimatmuseum. Attraktive Tier- und Pflanzeninszenierungen der lippischen Flora und Fauna sind ebenso zu sehen wie Jagdwaffen und -methoden, Exponate zu Forstwirtschaft, Holzverarbeitung und Fischereiwesen.

97 Lippischer Pickert

Man kann ihn als lippisches Nationalgericht bezeichnen, man kann über seine Herkunft als ehemals Arme-Leute-Essen philosophieren, vielleicht sollte man ihn aber einfach nur mit Butter, deftiger lippischer Leber-

wurst, Rübenkraut, Zwetschgenmus, Kompott oder Aufstrichen eigener Wahl genießen – den traditionellen Lippischen Pickert! Der Name des besonderen Kartoffelreibekuchens kommt vermutlich von dem ehemals plattdeutschen Wort »pecken« (= kleben), das in dieser Form noch heute in Lippe verwendet wird. In vielen Bäckereien, Cafés und Restaurants wird die lippische Spezialität angeboten.
Peter Falke bereitet für Tara Wolf einen Lippischen Pickert nach altem Familienrezept zu, das jedoch nie schriftlich weitergegeben wurde. Exklusiv für dieses Buch gibt die Schwiegermutter des Autors deshalb einen Einblick in das über viele Generationen überlieferte Rezept für zirka acht Personen:

5 große Kartoffeln
5 Eier
1 Kilogramm Mehl
50 Gramm frische Hefe
3 Teelöffel Salz
750 Milliliter Milch
250 Gramm Rosinen
1 Esslöffel Akazienhonig oder 2 Esslöffel Zucker

Die Kartoffeln schälen und reiben sowie die Milch leicht erwärmen. Nun die Hefe mit etwas Zucker überstreuen und in einer kleinen Menge Milch auflösen. Anschließend alle Zutaten (Kartoffeln, Milch, Eier, Mehl, Hefe, Salz, Honig oder Zucker und Rosinen) gut verrühren und so lange kneten, bis der Teig schwer reißend geworden ist. Den Teig in der Knetschüssel mit einem sauberen Geschirrtuch abdecken,

warm stellen und zwei Stunden gehen lassen. Sollen die Pickert deftig bestrichen werden, können die süßen Zutaten auch weggelassen werden.
Die Größe der Pfanne bestimmt die Größe des Pickerts, ähnlich wie beim Eierpfannkuchen backen. Es empfiehlt sich eine Pfanne mit etwa 20 Zentimetern Durchmesser. Von dem Teig zirka eine Suppenkelle Teig abnehmen und nun den ein bis zwei Zentimeter dicken Pickert in der leicht gefetteten Pfanne auf beiden Seiten goldgelb backen. Nun kann er serviert und nach Herzenslust bestrichen werden. Fertig.

Guten Appetit!

WOLFSNEBEL

Montag, 4. Dezember 1634

Der Morgen dämmerte bereits, als er durch die engen Gassen Lemgos hastete. Hohlwangig und müde war er aus seiner schäbigen Behausung neben dem Regenstor aufgebrochen. Sieben trutzige Stadttore 98 hatte die Stadt, aber vor dem Elend dieser Tage und Nächte hatten sie ihn nicht beschützen können. Das Böse lauerte innerhalb der Lemgoer Stadtmauer 99.

Gestern zur Mittagszeit hatte er sich eine dünne Brühe mit den Kindern geteilt, während sich andere Familien am Sonntagsmahl gütlich taten. Bei ihnen schimmelte das Brot bereits, und die Schaben stritten sich darum. Er schmeckte den Hunger, wenn er sich mit der Zunge über die aufgesprungenen Lippen fuhr. Die hohen Herren mit ihren feisten Leibern unter den wertvollen Gewändern fraßen Fleisch und soffen Bier, während sie mit fetttriefenden Lippen seine Gemahlin dem hochnotpeinlichen Verhör unterzogen. Verzweiflung und Schmerz ließen sein Herz schier zerbersten.

Konnte er seine Frau darum bitten? Er musste!

War sie wirklich des Teufels, wie man überall munkelte? Was würde dann geschehen, wenn das scharfe Schwert des Henkers niedersauste? Wäre es machtlos gegen sie? Schließlich war das Schwert der Arm Gottes. Wenn nicht … Tränen rannen in seinen struppigen Bart.

Noch wehte das Fredebanner vom Turme St. Nicolais. Das bedeutete für den Moment noch Marktfrieden. Aber sie würden die Freifahne bald einziehen, damit sie wieder foltern und hinrichten durften. Die Woche war kurz. Schon am Donnerstag begann Kläschen, dann wurde die Fahne wieder gehisst und scheinbar zog Frieden ein.

Aber nicht in seiner Familie. Er hatte keine Taler mehr, um das Verhör zu bezahlen, und fand auch keine Seele mehr, die ihm etwas lieh. Die Kinder mussten wieder essen.

Wenn sie gestand, wären alle frei.

Donnerstag, 1. Dezember 2016

Lukas Pohl liebte den Lemgoer Kläschenmarkt [100]. Die adventliche Kirmes rund um den Nikolaustag hatte ihn schon als Kind fasziniert. All die Buden mit Leckereien wie Zuckerwatte oder Bratäpfeln, auf die er sich das ganze Jahr gefreut, und die verrückten Fahrgeschäfte, für die er fast sein gesamtes Taschengeld gespart hatte. Später dann die Knutschereien zum wummernden Beat im Musikexpress, der jedes Jahr im hinteren Teil des Regenstorplatzes stand, nicht weit vom Autoscooter, in dem er sich mit seinen Kumpels seit Teenagertagen so manches Crash Battle geliefert hatte. Hier trank er auch den ersten Glühwein der Weihnachtssaison, der am besten schmeckte, wenn es frostig war und die Wärme der Tasse angenehm durch die Handschuhe drang. Manchmal war es Anfang Dezember mild und regnerisch, was für Lukas Pohl und seine Freunde selbstverständlich kein Grund war, auf Glühwein zu verzichten. Glühwein und Bratwurst, das ging immer. Selbst bei Nieselregen.

Seit zwei Jahren arbeitete Lukas in Freiburg, und es war keine Frage gewesen, dass er sich Urlaub nahm, um Kläschen ja nicht zu verpassen. In diesem Jahr war das Wetter perfekt. Kalt und klar. Nachmittags hatte die Sonne vom wolkenlosen Himmel geschienen, und jetzt am Abend funkelten die Sterne am dunklen Nachthimmel mit tausenden LEDs und Neonlichtern der Fahrgeschäfte und Schlemmerbuden um die Wette. Wie jedes Jahr war die Lemgoer Eiswelt 101 im Lippegarten Treffpunkt für den Start der Kläschentour zur Eröffnung gleich am Donnerstagabend gewesen.

Lukas hatte schon eine Menge Bier und Glühwein durcheinander getrunken und gerade die obligatorische Musikexpress-Fahrt genossen. Da er sich vor öffentlichen Toiletten und Dixiklos ekelte, schlug er sich lieber in die Büsche. Er kannte sich ja gut aus und ging zielstrebig hinter dem Musikexpress Richtung Ententeich. Seine Augen mussten sich erst an die Dunkelheit gewöhnen. Am hinteren Rand des Teiches fand er erfahrungsgemäß rasch eine Stelle, von der er wusste, dass ihn vorrübergehende Fußgänger nicht so leicht entdecken würden. Andere Kirmesbesucher pissten einfach hinter den Autoscooter, aber so einer war Lukas nicht.

Dienstag, 5. Dezember 1634

»Wohlan, Weib«, sprach der Blutrichter und starrte auf die elende Gestalt vor sich, die ausgemergelt und geschunden vor ihm kniete. Ihre ehemals roten Locken klebten staubig, fettig und stumpf an ihrem Kopf. »Du hast unserer Tortur bisher widerstanden. Dein Gemahl, die feige Kreatur, wird uns nicht weiter auftischen. Ihm ist sein Bauch näher als seine vermaledeite Hexe.«

»Euer Hochwohlgeboren«, hob die Frau krächzend an, doch ein böser Husten unterbrach ihre Rede und warf ihren mageren Leib zu Boden.

Der Richter schüttelte den Kopf. »Versündige dich nicht an uns. Zum letzten Mal, Weib. Stehst du mit dem Teufel im Bunde?« Im selben Moment flackerten die Fackeln im Gang hinter ihm, und ein kalter Windzug blies herein.

Sie lag mit gefalteten Händen vor ihm: »Nein, nein, nein«, flüsterte sie flehend.

Doch es half nichts. »Nun, Gottes Wasser sind unfehlbar. Sie werden uns die Wahrheit zeigen.«

Verzweifelt schlug sie mit letzter Kraft um sich, denn sie wusste, was nun kam. Die Wasserprobe sollte es zeigen. Wenn sie schwamm, war sie des Teufels und würde verbrannt. Ging sie unter und ersoff elendiglich, war sie unschuldig. Nicht eine Frau war je unschuldig gewesen. Sollte sie gestehen, was nicht war, um vielleicht mit dem Schwert begnadigt zu werden?

Wenn sie sich nun selbst ertränkte? Wäre das weniger schmerzhaft als der Feuertod?

Sie betete für ihre Kinder und verfluchte die Folterknechte und den Gemahl.

Donnerstag, 1. Dezember 2016

Weil in den letzten Jahren immer wieder Menschen betrunken in den Teich gefallen und leider auch ertrunken waren, umgab ihn ein grobmaschiger Zaun an der dem Fußgängerweg zugewandten Seite. Lukas Pohl stand zwischen Buschwerk, dem die kalten Nächte bereits die Blätter genommen hatten, während er sich erleichterte. Wie eine kuschelige Wattewolke lag weißer Nebel auf dem Teich. Die Musik der Fahrgeschäfte und das Geschrei ihrer Gäste kamen hier gedämpfter an.

Lukas blinzelte. Das konnte doch jetzt nicht wahr sein. Vielleicht hätte er doch nicht so viel durcheinander trinken sollen. Glühwein haute ganz schön rein. Das war ja nichts Neues. Und die Extraportionen Rum hatten es auch nicht besser gemacht. Er blinzelte noch einmal, aber es passierte tatsächlich. Allerdings war das hier keine Aufführung der Theatergruppe »Stattgespräch« 102, in der er früher selbst mitgespielt hatte, sondern gruselig real.

Der Nebel zog sich in der Mitte des Teiches langsam zusammen und gab die Teichoberfläche frei, unter der ein Lichtschein zu sehen war. Nach kurzer Zeit hatte sich aus der Wolke eine Frauenfigur gebildet, die auf Lukas zugeschwebt kam.

Wie erstarrt stand er da. Mit offenem Mund und mit offener Hose. Die Weiße Frau, dachte er. Das kann doch nicht sein. Sie ist nur ein Märchen. Wie ein Mantra wiederholte er diesen Gedanken immer wieder. Lukas beeilte sich, die Hose zu schließen. Als er den Kopf hob, war sie nur noch eine Armlänge entfernt.

»Ich melde den Tod im Wasser an
und wenn du nicht schweigst,
bist du ein toter Mann.«

Sie hatte eine kehlige Stimme. Sanft. Lockend.

Lukas schüttelte den Kopf. Nächstes Jahr würde er weniger trinken, das vernebelte ihm ja mehr das Hirn, als er gedacht hatte.

»So ein Quatsch«, sagte er halblaut mehr zu sich selbst als zu der Nebelerscheinung, die ihn im selben Moment mit der rechten Hand an seiner linken Wange berührte.

Als ihm ein eisiger Wind in Knochen und Eingeweide fuhr, dachte er noch, so müsse es sich wohl bei Harry Potter und den Dementoren angefühlt haben, dann spürte er gar nichts mehr.

Als sich seine Freunde wunderten, wo er blieb, trieb er bereits mit dem Gesicht nach unten im Teich, und eine weiße Nebeldecke lag über seiner leblosen Gestalt, die erst am nächsten Mittag gefunden wurde.

Freitag, 8. Dezember 2017

Wenn es sich irgendwie vermeiden ließ, hielt er sich von großen Menschenansammlungen fern. Das war nicht das Richtige für ihn. Auf seinen Forschungsreisen hatte er sich daran gewöhnt, allein oder mit einem kleinen Team zu arbeiten. Das gefiel ihm. Und so kümmerte sich Peter Falke lieber um seine Pferde, schaute sich in aller Ruhe die neueste Ausstellung in der Städtischen Galerie Eichenmüllerhaus 103 an oder machte einsame Spaziergänge auf Teilstrecken des Hansawegs 104 oder um das Schloss Brake 105 herum an der Ölmühle, dem Alten Waschhaus 106 und den NABU-Wiesen vorbei über das Walkenfeld Richtung Voßheide. Eigenartig, dachte Peter, mit Tara Wolf war er hier noch nie langgegangen. Ob sie die Strecken als Joggerin wohl kannte?

Eine Ausnahme seiner Aversion gegen Großveranstaltungen gab es allerdings. Denn als geborener Lemgoer mochte es Peter sehr, wenn Anfang Dezember der Kläschenmarkt die Stadt mit seinen Myriaden von Gerüchen aus Glühwein, Bratwurst, frischen Lebkuchen und Waffeln, Pilzen in riesigen Pfannen, Kartoffelpuffer in zahllosen Varianten, Zuckerwatte, Bierdunst und Zigarettenqualm flutete. Alles zusammen ergab die unverkennbar typische Gesamtnote. Über und zwischen allem hing eine fröhliche Geräuschkulisse aus juchzenden Menschen, alten und neuen Schlagern und Weihnachtsliedern, die manchmal aus alten und zuweilen sehr schrebbeligen Boxen an der Wand einer Wurfbude rieselten, wesentlich häufiger aber aus bassbetonten Soundanlagen wummerten. Das gehörte nun einmal zu seiner großen Heimat-Kirmes dazu, und von dem bunten Treiben ließ er sich nur allzu gern umfangen.

Normalerweise begann das Kläschen-Wochenende mit dem traditionellen Kollegenabend am Donnerstag. Weil aber zu viele Kolleginnen und Kollegen gestern keine Zeit gehabt hatten, verschoben sie es in diesem Jahr einfach auf den Freitag. Das widersprach Peters Ordnungssinn und fühlte sich falsch an, aber Peter wollte nicht als einziges Pferd quer im Stall stehen. So hatte er zugestimmt und sich gestern Abend ein wenig verloren gefühlt.

Weil er Tara Wolf und Lou Ritter länger nicht gesehen hatte, war er heute zuerst mit den beiden auf ein Bier in der Weiten Welt gewesen. Dann hatten sie sich getrennt. Lou musste noch an einem Studienprojekt arbeiten und mochte den Kläschentrubel sowieso nicht besonders, und Tara war mit einigen Gerichtskollegen auf der Lemgoer Eiswelt zum Eisstockschießen verabredet.

So machte sich Peter in aller Ruhe auf den Weg zu seinem Kollegentreff auf dem Regenstorplatz. Er wählte die Strecke durch das Rampendal, die südliche Parallele zur

Mittelstraße, auf der sich um diese Uhrzeit garantiert schon Menschenmassen zwischen Geschäften und Buden entlangquetschten. Im Rampendal war es deutlich ruhiger, wenngleich Autos mit »ausländischen« Kennzeichen, wie Peter Fahrzeuge ohne lippisches Nummernschild heimlich nannte, nach Parkplätzen suchten.

Er ging schnell, achtete aber wie immer penibel darauf, nicht auf die Pflasterfugen zu treten. Das war ihm ohnehin längst zur Gewohnheit geworden.

Während er das etwas zurückliegende Süsterhaus 107 passierte, hing Peter Falke seinen Gedanken nach. Früher hatte er irrtümlich gedacht, dass die Straße Rampendal nach der letzten Frau benannt war, die Ende des 17. Jahrhunderts als Hexe angeklagt worden war, der Folter aber widerstanden hatte. Ein Gedenkstein für Maria Rampendahl 108 befand sich hinter der Nicolai-Kirche. Auch wenn er sich als Paläontologe aus Berufsgründen mit anderen Themen befasste, fand er es spannend, dass sich der Name Rampendal vermutlich davon ableitete, dass sich hier im Mittelalter eine Müllgrube ansässiger Schlachter befunden haben könnte. Küchen- und Abfallgruben waren bei Ausgrabungen stets ein ergiebiger Quell an Informationen über längst vergangene Zeiten. Und Peter wusste natürlich, wie seine Kollegen über solche Fundorte dachten.

Auf der Breiten Straße kam er am Hexenbürgermeisterhaus 109 vorüber, das ebenfalls an die traurige, finstere und, wie Peter vor allem fand, unrühmliche Vergangenheit Lemgos in Zusammenhang mit den Hexenprozessen erinnerte. Das war wieder typisch für ein patriarchalisch geprägtes Zeitalter: Zunächst waren es die rothaarigen Frauen, die der Hexerei verdächtigt wurden. Später machten die Stadtoberen keinen Unterschied mehr. Es musste nur im

Umfeld etwas passiert sein, das man für unerklärlich hielt. Die armen Frauen wurden brutal gefoltert und mussten alle sterben. Entweder, weil sie die Schmerzen nicht mehr ertragen konnten, daher gestanden und anschließend meist auf dem Scheiterhaufen oder durch das Schwert hingerichtet wurden. Oder, weil man die bestialische Wasserprobe machte: Hexen und Zauberer hielt man für ätherische Wesen, die leichter waren als normale Menschen. Schwammen sie, waren sie teuflisch. Gingen sie unter, waren sie menschlich.

Peter war zutiefst davon überzeugt, dass extrem religiöse Eiferer ihren Mitmenschen selten guttaten. Den Gegenbeweis musste erst noch jemand erbringen. Wenn er sich das aktuelle und vergangene Weltgeschehen anschaute, zweifelte er jedoch massiv daran, dass das jemals gelingen würde.

Nein, er war sich dessen sogar sicher.

Insofern war er sehr froh, dass in Lemgo nicht nur die schlichte Mahn- und Gedenkstätte an die zerstörte ehemalige Synagoge, sondern zusätzlich in vielen Straßen Stolpersteine 110 an ermordete Lemgoer Juden erinnerten. Nicht zuletzt trug das Frenkel-Haus 111 dazu bei, diesen dunklen Teil deutscher und Lemgoer Geschichte nicht zu vergessen.

Kurz hinter der Alten Abtei 112 bog er vor dem Langenbrücker Tor und der Bega-Aue 113 auf den Lindenwall ein. Um mit seinen Gedanken noch einen Moment allein zu sein, nutzte er bei nächster Gelegenheit den Abgang zu den Ententeichen, die dunkel und ruhig dalagen.

Doch was war das? Auf einem der Teiche lag dichter weißer Nebel. Wie konnte das sein? Weder auf der Bega noch den anderen Teichen hatte er Nebel gesehen, wohl auch, weil die Temperaturunterschiede zwischen Luft und Wasser nicht hoch genug waren.

Er trat vom Gehweg an den Zaun, um sich das Phänomen näher anzusehen. Vom Musikexpress hämmerten Fetzen von Deep Purples »Smoke on the water« herüber.

In diesem Moment schien die Zeit stillzustehen. Der Zaun löste sich auf und gab den Weg zum Teich frei. Unter dem Nebel begann das Wasser zu leuchten, die weißen Schwaden erhoben sich und nahmen die Form einer Frauenfigur mit langem Kleid an. Langsam schwebte die Frau auf Peter zu.

Er glaubte an zwei Dinge: Erstens an das, was er sah. Und zweitens an die Logik. Was die Bandbreite von erstens ungemein erweiterte. Peter Falke war durch und durch rationaler Wissenschaftler und hatte als solcher auf seinen Forschungsreisen auf den Kontinenten dieses Erdballs schon viel Ungewöhnliches gesehen. Selbstverständlich wäre es ihm nie in den Sinn gekommen, daran zu zweifeln, dass er ein Gehirn hatte. Denn um das zu beweisen, hätte man ihm den Kopf auffräsen müssen. Gut, ein MRT würde die Weichteile innerhalb der Schädelknochen auch sichtbar machen.

Peter lächelte, denn er stellte ebenfalls nicht infrage, dass es London gab, auch wenn er es nicht sehen konnte. Denn wenn er auf seiner Terrasse saß und über Lemgo schaute, konnte er zwar den Mond sehen, der gute 380.000 Kilometer entfernt war. Das nur 750 Kilometer entfernte London jedoch, das sah er nicht. Dennoch: Wenn man wollte, konnte man den Beweis erbringen. Diese Logik reichte ihm.

Als die Weiße Frau erschien, dachte Peter weder an die Logik noch daran, was er glaubte oder nicht. Vielmehr überlegte er, dass er nur ein Bier gehabt hatte bisher. Und noch keinen einzigen Glühwein.

Die Nebelfrau erhob ihre lockende Stimme:

»Ich melde den Tod im Wasser an
und wenn du nicht schweigst,
bist du ein toter Mann.«
Peter Falke schüttelte den Kopf. »So ein Quatsch!«
Dann umfing ihn eisige Kälte.

Samstag, 9. Dezember 2017

Tara Wolf wunderte sich. Das war sonst gar nicht Peters Art. Sie waren zum Frühstück verabredet, und er tauchte weder auf noch meldete er sich ab.

Zum dritten Mal innerhalb von zehn Minuten an diesem Samstagmorgen rief sie erst auf seiner Festnetznummer, dann auf dem Handy an.

Er meldete sich nicht.

Sie hatten schon oft miteinander bis in die Nacht getrunken und geredet. Aber Tara hatte es kein einziges Mal erlebt, dass Peter am nächsten Morgen nicht wieder voll da gewesen wäre.

Vielleicht war es gestern auf Kläschen doch etwas mehr gewesen, als ihm guttat? Tara schüttelte den Kopf. Das konnte sie sich beim besten Willen nicht vorstellen.

Hoffentlich war nichts mit seiner Mutter.

Tara konnte nicht länger warten. Sie ging über die Straße, um direkt nach ihm zu sehen. Das hätte sie schon längst machen sollen. Peter war schließlich auch immer für sie da.

Dieses Wummern. War das sein Kopf?

Nein. Es kam von unten.

Ihm war schwindelig. Wo war er?

Ah! Zu Hause. Im Bett. Aber angezogen?

Draußen war es hell, und die Jalousien waren oben.

Was war los?

Wie spät war es? Er griff nach dem Wecker, rakte ihn aber mit einer fahrigen Bewegung vom Nachttisch herunter. Mist.

Wo war das Handy?

Er schwang die Beine aus dem Bett und betrachtete seine Hose und Schuhe, von denen getrockneter Schlamm auf den Fußboden bröselte.

Aus der ehemals schwarzen Jeans zog er sein Handy hervor, das oberhalb des Schlammrandes in der Hosentasche steckte und wie durch ein Wunder von der Feuchtigkeit verschont geblieben war. 42 Anrufe in Abwesenheit.

Was war mit ihm passiert?

Wie war er von Kläschen nach Hause gekommen?

Während er aufstand, um der klopfenden und rufenden Tara die Haustür zu öffnen, kam langsam die Erinnerung zurück.

Endlich bewegte sich etwas im Haus. Tara hörte schlurfende Schritte, die auf die Haustür zukamen.

Sie erschrak, als sie Peter sah. Seine Haut war bleich und seine Hose schlammverkrustet.

»Was ist denn mit dir los?«

»Ich hab die Weiße Frau gesehen.«

»Die Weiße Frau?«

»Ja, ich hab die Weiße Frau gesehen.«

Was auch immer er gestern auf Kläschen durcheinandergetrunken und wo er im wahrsten Sinne des Wortes anschließend versackt war – so hatte das jedenfalls keinen Sinn: »Komm, mein Lieber, du gehst jetzt erst einmal unter die Dusche, und ich mache dir einen starken Kaffee.«

»Hm«, brummelte Peter nur und schlurfte gehorsam Richtung Badezimmer.

Tara ging schwungvoll in die Küche. Auf der Schwelle blieb sie wie angewurzelt stehen.

Am Küchentisch saß Peter Falke in voller Reitmontur und schaute sie irritiert an: »Wie bist du denn hier hereingekommen?«

Lemgo
Allgemeine Informationen und weitere Freizeittipps in Kapitel 1 »Wolfsschwur«.

98 **Die sieben Stadttore und die Wallanlagen**
Insgesamt bestand die Sicherung der Stadt von innen nach außen aus Mauer, innerem Graben, Wall und äußerem Stadtgraben. Die Gräben speisten sich aus der Bega und dem Alten Fluss beziehungsweise wurden aus ihnen gebildet. Insgesamt führten sieben Tore durch die Stadtmauer in die Innenstadt (siehe unten), genau genommen waren es sogar acht, weil sich auf der Breiten Straße auf der Linie Reinertstraße/Neue Straße das »Zwischenstädter Tor« befand.
Einen zauberhaften Spaziergang einmal rund um die Altstadt – oder wie die Lemgoer sagen: »um die Wälle« – entlang der ursprünglichen Sicherungsanlagen können Sie an beliebigen Stellen beginnen. Nachfolgend werden im Uhrzeigersinn Tore und Wallabschnitte ab Parkplatz Langenbrücker Tor beschrieben. Leider sind die Tore nicht mehr vorhanden, allerdings tragen die kreuzenden Straßen die Namen der Tore. Das Johannistor bildet hier eine Ausnahme.
Die Bezeichnungen in Klammern beschreiben Berufsgruppen, die ursprünglich in der Nähe des jeweiligen Wallabschnittes beheimatet waren.

- Vom Langenbrücker Tor über den Hohen Wall (Schuhmacherwall) zum Heutor,
- vom Heutor an der Engelbert-Kaempfer-Straße 15, früher Leineweberwall, entlang zum Johannistor (Ende der Mittelstraße),
- ein kurzes Stück über den Johannistorwall (Schmiedewall) bis zum Slavertor,
- über den Slavertorwall (Wandtmacherwall) zum Neuen Tor,
- von dort über den langen Abschnitt Ostertorwall (Knochenhauerwall) bis zum Ostertor 11,
- nun über den Kastanienwall (Kramerwall) bis zum Regenstor und
- über den Lindenwall (Kaufmannswall) zurück zum Langenbrücker Tor.

99 Alte Stadtmauer

Reste der alten Stadtmauer und der Befestigungsstruktur der Festung Lemgo können besonders anschaulich am Regenstor entdeckt werden. Die alte Stadtmauer verläuft entlang der Straße Rembken. Dahinter (östlich) befindet sich die repräsentative Rekonstruktion des Mauergrabens (innerer Graben) und des Wallgrabens (äußerer Graben).

100 Kläschenmarkt

Absolutes Highlight im jährlichen Veranstaltungskalender ist der Lemgoer Kläschenmarkt, der seit 1365 regelmäßig am ersten Dezemberwochenende um den Nikolaustag (Klaus – Kläschen) stattfindet. Die gesamte Innenstadt wird einbezogen – Fahrgeschäfte, Verzehr- und Geschenkartikelbuden sowie

karitative Stände laden zum Bummeln, Erleben und Verweilen ein. Wer Glühwein in allen Variationen mag, ist hier genau richtig.
Selbstverständlich bekommen Sie »auf Kläschen« auch die legendären Lebkuchenherzen. Denn in Lemgo werden sie geboren. Egal, auf welcher Kirmes oder auf welchem Volksfest zwischen Hamburger Dom und Münchener Oktoberfest sie angeboten werden – alle wurden sie in Lemgo hergestellt: in der hier beheimateten Lebkuchenmanufaktur Pahna (Schuhstraße 48–50).

101 Lippegarten mit Beach-Gastronomie und Lemgoer Eiswelt

Am westlichen Ende der Mittelstraße liegt der ehemalige Barockgarten. Im Sommer wird hier eine Open-Air-Beach-Gastronomie mit Sand betrieben, welche den Garten an lauschigen Abenden zum Treffpunkt für Jung und Alt verwandelt. Im Winter lädt die Lemgoer Eiswelt von Mitte November bis Mitte Januar auf 700 Quadratmetern zum Eislaufen und Eisstockschießen ein. Umgeben ist die Eisfläche von einem Hüttendorf, in dem Eislaufequipment ausgeliehen werden kann und für das leibliche Wohl gesorgt wird.

102 Freie Theatergruppe »Stattgespräch«

Theater im (Kultur-)Bahnhof: Die freie Theatergruppe »Stattgespräch« präsentiert sich im Obergeschoss des Lemgoer Bahnhofs (Bahnhofsplatz 2), über den die Alte Hansestadt mit dem »Lipperländer«, der Regionalbahn RB 73 zwischen Bielefeld und Lemgo, gut zu erreichen ist. Die Theatergruppe arbeitet als

Amateurtheater ohne öffentliche Zuschüsse und bietet ein vielfältiges Programm auf hohem künstlerischem Niveau.

103 **Städtische Galerie Eichenmüllerhaus**

Wer sich für Gegenwartskunst interessiert, ist in den Ausstellungen der Genres Malerei, Grafik, Bildhauerei, Installation, Fotografie, Video und diversen Performances genau richtig. Etwa acht Mal pro Jahr wechseln in dem spätbarocken bürgerlichen Palais in der Braker Mitte 39 die Ausstellungen zur bildenden Kunst.

104 **Hansaweg**

Der 75 Kilometer lange Hansaweg X9 führt durch das nordlippische Bergland und verbindet die Hansestädte Herford, Lemgo und Hameln. Die abwechslungsreiche Strecke kann in sechs Etappen erwandert werden, die vom Profil her unterschiedlich anspruchsvoll sind. Insgesamt werden knapp 1.200 Höhenmeter überwunden.

105 **Schloss Brake – Weserrenaissance-Museum**

Für junge und jung gebliebene Ritterfans ist das Renaissanceschloss Brake genau die richtige Adresse (Schloßstraße 18, Anfahrt zum Parkplatz über Pagenhelle). Der trutzige Renaissance-Bau erinnert nicht ohne Grund eher an eine Burg als an ein Schloss. Bereits Ende des 12. Jahrhunderts befand sich hier ein mittelalterlicher Burgplatz. Die Burg wurde um 1447 zerstört und das »neue« Schloss im Auftrag von Graf Simon VI. (1554–1613) zur Lippe 1587 zur Residenz er- und ausgebaut.

Der Wassergraben, der gewaltige Turm und die gut erhaltenen Gebäude im Umfeld des Schlosses (Marstall, Mühlen und Waschhaus) zeichnen ein eindrucksvolles Bild aus der Zeit des äußerst gebildeten und weit gereisten Grafen zur Lippe.
Im Museum findet sich eine vielfältige Sammlung verschiedenster Objekte des 16. und 17. Jahrhunderts, darunter Möbel, Gemälde, Bücher und naturwissenschaftliche Instrumente, aber beispielsweise auch ein vollständig erhaltener Turnierharnisch. Im Wissenschaftsturm kann im Chemielabor naturwissenschaftlich experimentiert werden.
Es lohnen zudem auf jeden Fall ein Abstecher zur Ölmühle 106 und ein Spaziergang entlang der Bega auf dem Bierweg, der direkt am Wassergraben auf der Südseite des Schlosses beginnt.

106 **Ölmühle und Altes Waschhaus**

Die Bega fließt von Ost nach West im Süden der Altstadt von Lemgo. Dabei dient sie einerseits als Wasserquelle für den Graben des Schlosses Brake 105 sowie andererseits mit entsprechender Staustufe als Antrieb für die ehemaligen Schlossmühlen wie die Ölmühle (zirka seit 1600, um 1808 abgerissen und neu gebaut) und die Kornmühle (um 1800), in der sich heute ein gemütliches italienisches Restaurant befindet (Finkenpforte 3).
Die Ölmühle kann im Rahmen von Führungen, aber auch jederzeit von außen besichtigt werden, da der Eingang mit einem Gitter versehen ist, durch das hindurch man einen guten Blick auf die Mahlwerke hat. Neben dem Gitter befindet sich

ein Knopf, mit dem in der Mühle Licht eingeschaltet werden kann.
Auf dem Bierweg geht es weiter Richtung Osten entlang der Bega am Alten Waschhaus (zirka 17. Jahrhundert, dient heute als Geschäftsstelle des NABU Lippe) vorbei bis zum Walkenfeld. Das Alte Waschhaus liegt direkt an der Bega und gehörte ebenso wie die Mühlen zu den Wirtschaftsgebäuden des Schlosses. Hier trafen sich die Wäscherinnen, um zu waschen, zu tratschen und die Wäsche auf der Wiese zum Bleichen in die Sonne zu legen.
Vom Walkenfeld aus kann man wunderbar durch die Begawiesen spazieren und im östlichen Verlauf weiter auf dem Landwehrweg 9 wandern.

107 Süsterhaus

Zum ehemaligen Beginenhaus und späteren Augustinerinnenkloster St. Maria ad Angelos im Rampendal 15, (heute ist die repräsentative Fassade nebst Turm erhalten, dahinter versteckt sich ein Mehrfamilienhaus) gehört das gegenüberliegende, in der Hinterbebauung gut erreichbare Süsterhaus (Rampendal 20a). Bei dem vollständig renovierten spätgotischen Bruchsteinbau handelt es sich um die 1507 geweihte Kapelle des Klosters. Es beheimatet nun das Stadtarchiv Lemgos. Hier lagern reiche Bestände, die den Bogen vom Mittelalter bis heute spannen. Zirka 200 Akten zu den Hexenprozessen aus dem 16. und 17. Jahrhundert finden sich im Lemgoer Stadtarchiv, das damit eine der bedeutendsten Sammlungen im deutschen Sprachraum aufweist.
Termine und Führungen nach Absprache.

108 Maria Rampendahl

»Ich werde keinen Fußbreit weichen« ist die zentrale Aussage, die Maria Rampendahl (1645–1705) zugeschrieben wird. Sie wurde 1681 als Hexe angeklagt, überstand jedoch die Folterqualen und überlebte als einzige den Prozess. Sie war die letzte Frau, die in Lemgo als Hexe angeklagt wurde, und damit endeten die Hexenprozesse in der Alten Hansestadt. Zur Erinnerung findet sich in der Nähe des Nordturms der Nicolai-Kirche 3 der Marmorquader »Stein des Anstoßes«.

Um Maria Rampendahl ein weiteres Denkmal zu setzen, wurde der Platz um das Süsterhaus 107 nach ihr benannt.

109 Hexenbürgermeisterhaus

Zu den dunkelsten Kapiteln in Lemgos Geschichte gehört ohne Frage die lange Phase der Hexenprozesse (1583–1681). Darüber gibt das Museum Hexenbürgermeisterhaus (Breite Straße 17–19) Auskunft, wo viele Dokumente oder Original-Folterinstrumente der Hexenverfolgung zu sehen sind. Schwerpunktmäßig ging es bei den Lemgoer Hexenprozessen um damals tatsächlich für möglich erachtete Schadenszauber, die seit der »Constitutio Criminalis Carolina« Kaiser Karls V. (1500–1558) von 1532 unter Todesstrafe standen.

Das Hexenbürgermeisterhaus wurde 1568–1571 ursprünglich als Fachwerkbau errichtet, dem aber die reich verzierte Renaissance-Steinfassade mit Erker, Utlucht und Staffelgiebel vorgesetzt wurde.

Das Haus verdankt seinen Namen dem späte-

ren Besitzer und Hexenjäger Hermann Cothmann (1629–1683), der als Bürgermeister der Stadt in den letzten zehn Jahren der Hexenprozesse für zirka 90 Hinrichtungen verantwortlich war. Cothmann wohnte in dem Haus, Folterungen wurden hier nicht vorgenommen.
Der Eingang sowie das Foyer des Museums befinden sich im benachbarten, restaurierten Haus Weege, das außerdem einen Bauern- und Kräutergarten mit alten Nutzpflanzen sowie das »Lapidarium« beherbergt, in dem historische Steinmetzarbeiten ausgestellt sind. Der Eintritt in das Museum ist frei.

110 Ehemalige Synagoge und Stolpersteine

Die Synagoge in Lemgo befand sich in der Neuen Straße. Die SS brach die Tore am 10. November 1938 auf, zerstörte den Innenraum und brannte das Gebäude nieder. An dieser Stelle befindet sich heute eine Mahn- und Gedenkstätte (gegenüber den Hausnummern 42 und 44), die durch ihre schlichte Gestaltung eine nachdenkliche Ruhe ausstrahlt.
Wie viele andere Städte auch, so verfügt Lemgo über zahlreiche sogenannte Stolpersteine: Dabei handelt es sich um 10 Quadratzentimeter große Messingplatten zur Erinnerung an Lemgoer Juden, die vom Naziregime in NS-Lagern ermordet wurden. Sie befinden sich vor den Häusern, in denen die Menschen vor der Deportation gewohnt haben und geben Auskunft über Namen, Geburts- und (soweit bekannt) Todesdatum. Ausführliche Informationen finden sich auf www.stolpersteine-lemgo.de.

111 Frenkel-Haus

Karla Raveh, geb. Frenkel (*1927), ist die bekannteste Lemgoer Jüdin, die mit ihrer Familie in das Konzentrationslager Theresienstadt deportiert wurde und gemeinsam mit ihrer Großmutter Helene Rosenberg als einzige ihrer Familie den Holocaust überlebte. 1949 wanderte sie nach Israel aus, kehrt aber seit 1986 immer wieder nach Deutschland und insbesondere nach Lemgo zurück, um als Zeitzeugin die Erinnerung wachzuhalten.
Das Frenkel-Haus in der Echternstraße 70 gibt als Dokumentations-, Gedenk- und Begegnungsstätte eindrucksvoll Einblick in die Geschichte der Familie Frenkel.

112 Alte Abtei und Abteigarten

Das Gebäude in der Breiten Straße 10 wurde Ende des 16. Jahrhunderts als Adelshof erbaut. 1768 übernahm Graf Ludwig Heinrich Adolf zur Lippe (1732–1800) sowohl das Gebäude als auch dahinter liegende Grundstücke, um das Haus umzubauen (beispielsweise der Anbau der Freitreppe) und einen Garten anzulegen (den Abteigarten). Das Gebäude benannte der Graf nach seiner Frau Anna: Es erhielt den Namen »Annenhof«. In seinem Testament bestimmte er, dass der »Annenhof« als Wohnhaus der jeweils amtierenden Äbtissin des Damenstiftes St. Marien 1 dienen sollte. Heute ist die Volkshochschule in dem Gebäude beheimatet.
Der Abteigarten dient regelmäßig als Veranstaltungsort für Stadtfeste wie das Strohsemmelfest oder das Abteigartenfest.

113 **Langenbrücker Tor mit Bega-Aue**

Direkt am Langenbrücker Tor ist durch Renaturierung und Verbreiterung des Begalaufes eine wunderschöne Aue mit hohem Freizeitwert entstanden. Ob allein, mit Freunden oder der Familie – bei schönem Wetter sorgt die idyllische Stimmung am Wasser für Erholung und Wohlbefinden.

WOLFSJAGD

Im Sommer liebte Tara diese Strecke. Mit offenem Verdeck ihres alten Saab-900-Turbo-Cabrio durch die sanften Hügel und bunten Mischwälder Lippes zu cruisen hatte etwas Beruhigendes für sie. Der Wind, der frech einige Strähnen aus ihrem Zopf zupfte und ihr um die Nase wehen ließ, war längst ihr Freund geworden. Nachdem sie sich in Angus verliebt hatte, waren sie häufig mit dem Saab oder mit Angus' Motorrad in Lippe unterwegs gewesen. Tara war sich jedoch nicht sicher, wie viel Angus überhaupt davon mitbekommen hatte. Sie waren vom ersten Moment an so heftig verliebt gewesen, dass er nur Augen für sie hatte. Das gefiel ihr natürlich sehr gut.

Tara Wolf lächelte melancholisch. Obwohl sie schon so lange in Lippe lebte, wäre sie alleine nicht darauf gekommen, die urige Papiermühle Plöger 114 zu besichtigen. Doch wenn man jemanden gerade kennengelernt hatte, war dies eine schöne gemeinsame Aktion. Anschließend war sie mit Angus um das barocke Schloss Schieder 115 geschlendert und von dort aus zum Schieder See 116 hinunter gegangen. Als sie auf der Brücke standen, die über das Flüsschen Emmer führte, und mit der wärmenden Sonne im Rücken auf den glitzernden See und die grünen Wälder schauten, hatte Angus sie das erste Mal sanft geküsst. Die Wanderung zum Kahlenbergturm 117 auf dem Naturparktrail Schwalenberger Wald 118 hatten sie später machen wollen, aber ein Später gab es nicht mehr.

Heute schoben die Scheibenwischer ihres Volvo Kombi

nicht nur den Nebel fort, der sich in feinen Tröpfchen auf die Windschutzscheibe legte, sondern auch die sonnigen Bilder ihrer Erinnerung. Nein, das war keine Winterdepression. Nur ihre Trauer, die sich etwas stärker bemerkbar machte. Jetzt, kurz vor dem einsamen Weihnachtsfest, im nieseligen dunklen Dezember mit feuchtem Laub und glitzerndem Scheinwerferlicht auf der Straße.

Was mit Peter Falke nach seinem Kläschenbesuch nicht stimmte, hatte Tara noch nicht herausgefunden. Sie war sich sicher, dass sie das merkwürdige Geschehen in Peters Haus nicht geträumt hatte. Irgendetwas war an dem Peter in der Küche sehr verstörend gewesen. Seine Augen hatten merkwürdig weiß geleuchtet. Darum würde sie sich später kümmern müssen.

Wenigstens ging es Florian Dreier endlich besser. Das Ärzteteam hatte ihn langsam aus dem künstlichen Koma aufwachen lassen. Und da wusste man ja nie, ob der Patient wieder der Alte sein würde. Quälend langsam hatte sich jedoch die beruhigende Gewissheit durchgesetzt, dass Florian wieder ganz gesund werden und irgendwann im nächsten Jahr nach einer ausführlichen Kur wieder arbeiten können würde.

Bei ihrem letzten Besuch im Krankenhaus hatte Tara dann endlich erfahren, welche Informationen er vor dem Anschlag auf ihn bekommen hatte. Und nun war endgültig klar, dass es auf höchster Ebene undichte Stellen geben musste. Florian hatte seine Recherchen innerhalb des Systems geführt. Niemand außerhalb der Polizeibehörden in Detmold und Hamburg wusste etwas davon. Der Maulwurf kam also von innen. Nur so war zu erklären, wie der Killer, der Angus auf dem Gewissen hatte, von Florians Recherchen Wind bekommen hatte und dann erneut zuschlagen konnte.

Darum hatte Tara zunächst auch Lou Ritters Recherche-Angebot abgelehnt, um sie nicht in Gefahr zu bringen. Mittlerweile war Tara aber soweit: Sie würde Lou um Hilfe bitten, die rudimentären Informationen zu ergänzen, die Florian über den Killer geliefert hatte.

Sein Name war Constantin »Conny« Consigliere, in der Szene als »der Gärtner« bekannt. Nach Florians Aussage sah der Gärtner sein Geschäft als Pflanze, die immer weiter gedeihen und wachsen sollte. Und wie ein richtiger Gärtner entfernte er alle Triebe und Äste, die ein schnelles Wachstum verhinderten. Auf seine Art. Mit allen Mitteln. Wirklich allen, wie Tara schmerzhaft hatte erleben müssen.

Aber der Gärtner war nicht der Boss. Er war lediglich die rechte Hand von Eddie Hart, der seine schmutzigen Geschäfte unter dem Deckmantel des Rockerclubs »Wheely Devils« betrieben und den Angus durch seine verdeckten Ermittlungen überführt und festgenommen hatte. Der Gärtner war seinerzeit entkommen und nun offensichtlich auf einem erfolgreichen Rachefeldzug.

Tara fragte sich immer wieder, warum sie bei der Trauung nicht auch hatte sterben müssen. War das nicht geplant gewesen? Hatte der Gärtner sich verkalkuliert und den Job abgebrochen?

Wo, verdammt, wollte sie hin?

Das fragte er sich schon, seit sie in Detmold nicht wie erwartet Richtung Lemgo gefahren war, wo sie wohnte. Auch Blomberg war nicht ihr Ziel gewesen.

Sie fuhr weiter. Er war ihr mittlerweile bis Schieder nachgefahren, aber sie durchquerte den Ort, ohne anzuhalten oder abzubiegen. Denn der silberne Volvo zwei Autos vor ihm nahm zügig und zielstrebig die nächste Steigung. Sie würde doch wohl nicht …?

Als sie kurze Zeit später im Abstand von nur wenigen Sekunden nacheinander das Ortseingangsschild von Schwalenberg [119] passierten, hatte er Gewissheit. Eine verdammt unbequeme Gewissheit. Das also hatte der Scheißbulle über ihn herausgefunden. Und nun wusste die Richterin es auch. Verdammt kranker Scheiß. Das hätte auf keinen Fall passieren dürfen.

Wenn sie aus Lemgo das vermutete Ziel angesteuert hätte, wäre sie sicher über Lügde [120] gefahren. Als Kind hatte er sich mehr auf das Spektakel um den Osterräderlauf [121] gefreut als auf das langweilige Weihnachten zu Hause. Er liebte Feuer und alle Feste, die irgendetwas mit dem Mittelalter zu tun hatten. Das Recht des Stärkeren, des wirklich Stärkeren, ja, das gefiel ihm nur zu gut. Nicht diese Bügelfalten-Nadelstreifen-Fuzzis, die sich als Manager oder Minister prostituierten. Bah!

Feuer. Oh ja. Das hätte diesen miesen Schnüffler Angus Buchanan damals in Hamburg eigentlich ausschalten sollen. Der Gärtner hatte sich schon oft selbst dafür verflucht, nicht noch mehr Brandbeschleuniger genommen zu haben. Dann wäre die Sau im Feuer verreckt und nicht abgetaucht, sodass der Gärtner, um herauszufinden, wo sich Buchanan versteckte, einmal mehr hatte tief graben müssen und erst in Lemgo zu Ende bringen konnte, was in Hamburg gescheitert war.

Als der Gärtner mit 14 endlich ein Mofa bekommen hatte, hatte er seine erste Gang gegründet, die sich oft hinter der alten St.-Kilian-Kirche [122] getroffen hatte. Er war der Erste gewesen, der sich mit dicken Edding-Stiften den Hells-Angels-Schriftzug auf die Jeans-Jacke gemalt hatte.

Er schüttelte die Gedanken ab und konzentrierte sich wieder auf die Frau im Auto vor ihm. In der Nähe von Elbrinxen [123] gab es einige geeignete Stellen, um sie aufzuhalten. Aber hier, auf der langgestreckten Geraden zwischen Schwalenberg und Rischenau, würde es etwas schwieriger für ihn werden. Der Verkehr war dünner geworden. Dennoch hatte er eine Idee. Unter keinen Umständen durfte die Richterin ihr Ziel erreichen und das Gespräch führen, wegen dem sie unterwegs war.

Natürlich war der mörderische Anschlag auf Angus professionell geplant und durchgeführt worden. Das war Tara schnell klar gewesen. Aber da war mehr. Das spürte sie.

Florian Dreier hatte außerdem herausgefunden, dass der Täter aus Lippe stammte. Er war »hier wech«, wie die Lipper sagen. Mutter aus Lippe, Vater aus einem kleinen italienischen Dorf in der Nähe von Florenz. Der Gärtner hatte sogar sein Abitur in Steinheim im benachbarten Kreis Höxter gemacht. Schon damals hatte er sich für alles interessiert, was durch einen Motor angetrieben wurde, sodass für ihn nur die Mechaniker-Lehre in der VW-Werkstatt infrage kam. Seine Eltern wohnten immer noch in ihrem Haus nahe des mittelalterlichen Klosters Falkenhagen [124] unterhalb der höchsten Erhebung im lippischen Bergland: dem Köterberg [125].

Der Motorradfahrer war erst vor kurzem im Rückspiegel aufgetaucht. Tara vermutete, dass er schon länger hinter ihr gewesen war, er aber von Fahrzeugen verdeckt wurde, die nach und nach abgebogen waren. Daher sah sie ihn erst jetzt. Oder weil sie in Gedanken gewesen war.

Bei dem fiesen Wetter war es ja schon in einem Auto unschön, durch die Gegend zu fahren. Wie musste es erst mit dem Motorrad sein? Entweder, der war ein hartgesottener Biker oder jemand, der kein Geld hatte, das Rad im Winter abzumelden und ein Auto zu nehmen.

Es nieselte, und sein Scheinwerfer blendete sie im Rückspiegel. Gerade waren sie durch Schwalenberg gekommen, da hatte sie im Licht der Straßenlaternen gesehen, dass er einen hohen Lenker hatte. Vermutlich eine Harley oder sonst ein Chopper.

Mehrfach war sie schon langsamer geworden, dennoch überholte er sie nicht. Hielt den Abstand. Sehr ungewöhnlich für einen Biker. Sonst klebten sie einem auf der Stoßstange und bei der ersten Gelegenheit rissen sie am Gas und waren vorbei.

Sie war allein. Allein in diesem Auto. Allein auf dieser Landstraße. Allein mit dem Biker, der sie verfolgte.

Aber sie nicht überholte.

Warum blieb er hinter ihr?

Wollte er ihr nur Angst machen?

Wenn es sich um diesen Gärtner handeln sollte, den Killer von Angus, warum tötete er sie nicht auch? Warum verfolgte er sie nur?

Tara Wolf beschleunigte auf 120 Stundenkilometer.

Entweder würde sie ihn abhängen oder ihn stellen. Man würde es sehen. Sie war wütend. Und sie würde es nicht mitten auf der Straße zu einer Auseinandersetzung kommen lassen. Sie brauchte keine Zeugen. Und wenn der Biker hinter ihr tatsächlich der Killer war, er mit Sicherheit auch nicht.

Das war eine Sache zwischen ihm und ihr.

Offensichtlich sah er das genauso, denn er hatte nun den Abstand verkürzt.

Ihr Handy meldete sich. Peter. Sie drückte ihn weg.

Als sie den Blick wieder hob, starrten sie zwei dunkelbraune Augen an. Instinktiv rammte sie den rechten Fuß auf die Bremse und riss das Steuer herum. Alles drehte sich um sie. Es knallte.

Dass auch das Motorrad erst zum Stillstand kam, nachdem die schwere Harley in den Volvo hineingerutscht war, bekam Tara Wolf schon nicht mehr mit.

EPILOG

Scheiße.

Der Gärtner humpelte auf die gläserne Automatiktür des Krankenhauses zu, die sich augenblicklich öffnete, sobald der Bewegungsmelder ihn erfasst hatte.

Scheiße. Scheiße. Scheiße.

Tara Wolf war am Leben. Gehirnerschütterung, Prellungen, Quetschungen, zwei gebrochene Rippen, diverse Schnittwunden. Aber sie lebte. Irgendwann würde er Eddie Hart davon erzählen müssen. Und der Gärtner wusste, dass das seinem Chef überhaupt nicht gefallen würde.

So hatte sich das keiner von ihnen vorgestellt. Er hatte sie stoppen wollen. Natürlich.

Klar, mit dem verdammten Reh hätte man auf der Strecke durch den Schwalenberger Wald rechnen können. Aber dass das blöde Vieh nun ausgerechnet in dem Moment einen Ausflug auf die Straße machen musste …

Der Gärtner verzog das Gesicht. Die gesamte Situation nervte ihn unendlich an. Und sein Bein benötigte dringend professionelle Versorgung. Zu Hause bei Mama Ursula und Papa Enrique hatte er zum Glück genügend Verbandsmaterial gefunden. Es hatte aufgehört zu bluten, tat aber höllisch weh. Da war mehr passiert. Das spürte er. Reichlich Ibuprofen machte alles einigermaßen erträglich. Einen offiziellen Quacksalber konnte er aber nicht dran lassen. Bis Hamburg würde er es schaffen und dann …

Er humpelte auf den alten Pick-up zu, den er bei seinen Eltern aus der Garage geholt hatte. Zum Glück waren die nicht zu Hause gewesen, sodass der Gärtner in Ruhe und ohne Rückfragen seine Wunden behandeln und ein wenig schlafen konnte. Es hatte muffig und abgestanden gerochen, als er ins Haus kam. Wahrscheinlich waren seine Eltern schon seit einiger Zeit in Italien, um Papas Schwestern zu besuchen. Das machten sie meistens zu Weihnachten.

Die Geschichte war nicht zu Ende, beschloss er grimmig, während er die Fahrertür des alten Pick-ups aufschloss, der vor dem Krankenhaus auf einem Kurzzeitparkplatz stand. Auf der Ladefläche unter einer Plane lag seine verbeulte Karre, mit der er es gerade noch die knapp zwei Kilometer von der Unfallstelle bis zu seinem Elternhaus geschafft hatte.

Nein, er war hier noch lange nicht fertig.

SCHIEDER-SCHWALENBERG

Das im wahrsten Sinne des Wortes malerische Fleckchen Erde bietet Kunst, Kultur und Natur. Schwalenberg zog aufgrund seiner reizvollen Lage bereits im 19. Jahrhundert vor allem impressionistische Landschaftsmaler an, was den Ruf als Malerstadt und Künstlerkolonie begründete. Zudem bieten das Barockschloss Schieder und die erlebnisreiche Landschaft abwechslungsreiche Kultur- und Natureindrücke.

Ergänzende Infos zu den Ortsteilen sowie zu Führungen, Veranstaltungen und weiteren touristischen Angeboten:

Tourist-Information OT Schwalenberg
Marktstraße 7
32816 Schieder-Schwalenberg
Telefon: 05284 94373794

Bürger- und Gästeinformation OT Schieder
Domäne 3
32816 Schieder-Schwalenberg
Telefon: 05282 60110

Mail: tourismus@schieder-schwalenberg.de
www.schieder-schwalenberg.de

Randnotiz

Bekanntestes »Kind« der Stadt ist der Politiker Frank Walter Steinmeier (*1956), der zwar in Detmold geboren wurde, aber im Ortsteil Brakelsiek aufwuchs.

114 Papiermühle Plöger

Die Papiermühle Plöger (Im Niesetal 11, Parken zirka 100 Meter vor der Mühle) ist eines der bedeutendsten technischen Kulturdenkmäler in Nordrhein-Westfalen. 1703 erbaut, lassen sich heute an 22 Stationen 300 Jahre Papierherstellung vom Schöpfen bis zum fertigen Papier nachverfolgen. Großartig für technisch und historisch interessierte Familien. Nach wie vor werden die Originalmaschinen vom Wasser des kleinen Flüsschens Niese angetrieben, das kurz darauf in die Emmer fließt.

115 Schloss Schieder

Der Barock- und Terrassengarten im Süden des Schlosses (Im Kurpark 1) in Schieder wurde bereits vor Baubeginn angelegt. Das Barockschloss selbst entstand in den Jahren 1703–1708 als Sommerresidenz für die Grafen und Fürsten zur Lippe auf Betreiben des Grafen Rudolph zur Lippe-Brake (1664–1707), der die Fertigstellung jedoch nicht mehr erlebte.
Im Norden liegt der Landschaftsgarten im englischen Stil mit Remise und Marstall (1832), der sich bis zur Emmer und zum heutigen Schiedersee 116 hinunterzieht.
Westlich steht die große Domänenscheune (Domäne 2), in der sich die biologische Station Lippe mit Bauerngarten und Streuobstwiese befindet.
Das ehemalige Kornhaus der Domäne Schieder stammt aus dem Jahr 1587, wurde Mitte der

1950er-Jahre vollständig abgetragen und in Detmold als Teil des Lippischen Landesmuseums (17/der langgestreckte Fachwerkbau) wieder aufgebaut.

116 Schiedersee

Zur Verbesserung des Hochwasserschutzes und für wassergebundene Freizeitaktivitäten wurde der Mittelgebirgsfluss Emmer in den 1970er-Jahren aufgestaut. Der Staudamm unterbrach jedoch die Durchgängigkeit des Flusses für Fische und Kleinstlebewesen. Daher wurde 2012 eine Umflut eingerichtet sowie eine Fischtreppe gebaut, sodass das Ökosystem nun wieder hergestellt ist. Parkmöglichkeiten bestehen am Ende des Regelweges. Von hier aus können die neun Kilometer zur Umrundung des Sees unter die Füße oder die Räder genommen werden.

Wer organisierte Unterhaltung sucht, ist am Anleger für Schiffsrundfahrten, dem Bootsverleih oder dem Familienpark Funtustico mit zahlreichen Attraktionen wie der Erlebniswasserrutsche, dem Riesentrampolin, dem riesigen Hüpfberg oder dem Streichelzoo richtig (Navigationsadresse: Am Kronenbruch 3).

Die gegensätzlichen Elemente Feuer und Wasser haben seit jeher Menschen fasziniert. Absolutes Highlight jedes Jahr im Sommer ist das Event »Schiedersee in Flammen« – mehrere Tausend Besucher genießen jährlich das fantasievolle Feuerwerk mit einem ausführlichen Rahmenprogramm.

117 Kahlenbergturm

Ursprünglich war der Hausberg Schieders tatsächlich kahl und nur mit Steinen bedeckt. Daher befahl Fürst

Leopold II. (1796–1851) im Jahr 1840, auf dem Berg einen Turm zu errichten, der als »point de vue« seine Sommerresidenz 115 ergänzen sollte. Später fruchteten Aufforstungsmaßnahmen, sodass der Turm zwar nach wie vor ein schönes Ausflugsziel mit großartigen Fernblicken bietet, heute aber von üppigem Wald umgegeben keine prägende Landschaftsmarke mehr ist.
Als Ausgangspunkt für den Aufstieg zum Turm eignet sich der Waldparkplatz am Ende der Straße Unter den Eichen in Schieder an. Der Weg zum Turm ist über den X2 gut ausgeschildert. Wer den Blick nicht nur in die Ferne schweifen lässt, sondern hie und da zu Boden richtet, entdeckt unterwegs das Bodendenkmal der mittelalterlichen Befestigungsanlage Alt-Schieder.

118 **Naturparktrail Schwalenberger Wald**
Ebenfalls vom Waldparkplatz an der Straße Unter den Eichen führt der insgesamt 27 Kilometer lange Naturparktrail durch das Naturschutzgebiet Schwalenberger Wald. Er bietet viele herrliche Fernblicke und gibt Einblicke in die geschichtsträchtige Kulturlandschaft. Die Nordroute führt auf rund 19 Kilometern durch Schieder, Harzberg, und Elbrinxen 123. Die Südroute verläuft auf gut 17 Kilometern entlang der Ortschaften Schwalenberg, Brakelsiek und Schieder. Beide Touren schließen ihre Runde durch einen Gang über das Mörth (Plateau auf 446 Metern). Auf dem Mörth befindet sich der »Himmelsteich«, ein Artenschutzgewässer für Kammmolche und seltene Libellenarten. Natürlich stehen auch kürzere Etappen zur Wahl. Es gibt zahlreiche Einstiege in die Wander-

route mit dem Kennzeichen »NaturZeitReise« und dem Symbol einer Sanduhr. Den zugehörigen Wanderbegleiter mit Streckenverlauf, Karte und interessanten Informationen zur Landschaft hält die Tourist-Information Schwalenberg oder Schieder bereit, ebenso als PDF-Datei die Webseite www.naturpark-teutoburgerwald.de.

119 Schwalenberg

Gegründet wurde die Stadt von Graf Volkwin IV. (um 1190 bis zirka 1255), der dem Adelsgeschlecht der Schwalenberger Grafen entstammte, die allerdings im Lauf der Jahrhunderte durch Fehden und teilweise Verarmung zu Raubrittern herabsanken. Volkwin baute seine Burg, von der heute leider nur noch ein Flügel erhalten ist, auf den Bergsporn oberhalb des Städtchens. Die Schwalenberger waren Ackerbürger, die vom Handwerk und der Landwirtschaft lebten.
In der historischen Fachwerkstadt mit der spannenden Geschichte lassen sich stattliche Fachwerkbauten sowie Ateliers und Galerien entdecken. Der kleine Ort bietet ein einheitliches Bild wie aus einem Märchenbuch. Folgende Häuser verdienen besondere Erwähnung: das Rathaus (Markt 7) mit reichen Zierschnitzereien der Weserrenaissance, das als Künstlerhaus Schwalenberg (Papenwinkel 10) genutzte Ackerbürgerhaus, die städtische Galerie (Marktstraße 5), das giebelständige Ackerbürgerhaus mit zweigeschossigen Utluchten (Marktstraße 32) sowie die ehemalige Künstlerklause (Alte Torstraße 14).
Als weitere architektonische Besonderheit gilt das Schwalenberger Stadtwasser aus dem Mittelalter: Das

Quellwasser der Magdalenenquelle wird auf über zwei Kilometern mit insgesamt nur zehn Metern Gefälle bis auf den Marktplatz zum Volkwinbrunnen geleitet. Von dort führt ein schöner Spazierweg bis zur Quelle.

LÜGDE

Vom Ende des Schiedersees mäandert die Emmer durch den lippischen Südosten, wo sie hinter Lügde den natürlichen Grenzverlauf zwischen Nordrhein-Westfalen und Niedersachen bildet. Anschließend verlässt das Flüsschen den Kreis Lippe sowie Nordrhein-Westfalen und mündet bei Emmerthal in die Weser.

Karl der Große (vermutlich 747–814) feierte im Jahr 784 Weihnachten an der Emmer in der Siedlung »Liuhidi«, wo er auch eine kleine Kirche errichten ließ. Erst rund 450 Jahre später (um 1240) wurde der Ort mit Stadtmauer, Wehrtürmen und Wallanlage befestigt und nach dem lippischen Dreistraßenschema (Vordere, Mittlere und Hintere Straße) angelegt.

Der Emmerauenpark bietet hohen Freizeitwert und der Osterräderlauf ist eines der kultigsten Veranstaltungshighlights weit über Lippes Grenzen hinaus.

Ergänzende Infos zu Lügde sowie zu Führungen, Veranstaltungen und weiteren touristischen Angeboten:

Tourist-Information Lügde
Am Markt 1
32676 Lügde
Telefon: 05281 7708 70
Mail: touristinfo@luegde.de
www.luedge.de

120 Lügde – historische Altstadt und Emmerauenpark

Den Lügder Stadtkern prägen Ackerbürgerhäuser aus dem 18. Jahrhundert, die teilweise liebevoll restauriert wurden. Umgeben ist die Innenstadt von der mittelalterlichen Wall- und Grabenanlage, die zu einem gemütlichen Spaziergang einlädt. Zwei Wehrtürme der ehemaligen Stadtbefestigung sowie 1.500 Meter der Stadtmauer sind noch erhalten.

Wenn man die Innenstadt auf der Brückenstraße an einem der Wehrtürme vorbei Richtung Westen verlässt, gelangt man zum Emmerauenpark. Die Parklandschaft direkt am Flüsschen bietet vielfältige Möglichkeiten zum Entspannen oder Spaß haben für Groß und Klein am »Emmer Beach«, einem mit Sand angefüllten Strand- und Badebereich, auf dem Abenteuerspielplatz, auf großzügigen Wiesen oder im Café.

121 Osterräderlauf

Über 2.000 Jahre ist der heidnische Brauch alt, ein vierspeichiges Sonnen- oder Feuerrad brennend ins Tal zu schicken, um für gutes Wetter und eine gute Ernte zu bitten. Immer am Abend des Ostersonntags rollen die sechs mannshohen und mit Roggenstroh ausgestopften Osterräder vom Osterberg auf ihrer feurigen Reise ins Tal. Die Eichenholzräder werden vorher in der Emmer gelagert, um Wasser zu ziehen, damit sie nicht verbrennen.

Ein Spektakel, das man sich nicht entgehen lassen sollte.

122 St. Kilian-Kirche

Wer tief ins Mittelalter eintauchen möchte, kommt um einen Besuch der südlich der Stadt gelegenen katholischen Pfarrkirche (Steinsweg) nicht umhin. Der romanische Bau basiert auf der von Karl dem Großen (vermutlich 747–814) erbauten kleinen Kirche, die um 1200 erweitert wurde und ihre heutige Form als kreuzförmige Gewölbebasilika bekam. Ein uralter Friedhof umgibt Sankt Kilian. Bereits beim Betreten des Areals durch ein Tor in der Bruchsteinmauer meint man, Mönche singen und Ritterrüstungen scheppern zu hören.

123 Elbrinxen

Das Storchendorf Elbrinxen ist Heimat zahlreicher Weißstorchpaare, die man im Dorf auf ihren Nestern oder in den nahegelegenen Wiesen und Feldern beobachten kann.

Von der Hauptstraße (Untere/Obere Dorfstraße) zweigt die Straße Im Winkel ab, die direkt an den Parkplatz vor der kleinen Dorfkirche aus dem 12. Jahrhundert (Postweg 10/Lügde) führt. Der Kirchturm verfügt über meterdicke Mauern und bot als Wehrturm in Kriegszeiten den Bürgern von Elbrinxen Schutz.

Hier befindet sich außerdem die tausendjährige Linde – ein bedeutendes Naturdenkmal, dessen Alter sich ebenso wie das der Linde in Reelkirchen 59 nicht genau bestimmen lässt, da man die Jahresringe des gewaltigen und wunderschönen Baumes nicht zählen kann.

124 **Kloster Falkenhagen**

Das ehemalige Zisterzienserinnenkloster in Falkenhagen (Kloster Falkenhagen 7) wird 1231 erstmals urkundlich erwähnt. Das sehenswerte Ensemble am Fuß des Köterbergs **125** besteht aus der Klosterkirche, dem Remter (Kapitelsaal und Speisesaal) sowie dem Dormitorium (Priorat). Letzteres stammt aus dem Jahr 1509 und ist damit vermutlich das älteste Fachwerkhaus Lippes. Es beheimatet heute das Pfarrhaus. Im 15. und 16. Jahrhundert beherbergte das Kloster den Männerorden vom Heiligen Kreuz, im 17. Jahrhundert wurde es den Jesuiten übertragen.

1629 lebte hier der Jesuit Friedrich Spee von Langenfeld, einer der bedeutendsten katholischen Kirchenliederdichter des 17. Jahrhunderts. Mit seinem wenige Jahre später anonym in Rinteln gedruckten Werk »Cautio Criminalis« wandte er sich gegen die Anwendung der Folter in Hexenprozessen.

125 **Köterberg**

Der höchste Berg im Lipper Bergland misst 496 Meter und ist auf dem Gipfel unbewaldet. Bei klarem Wetter eröffnet sich hier ein grandioser Blick bis zum Brocken im Osten (Harz/Niedersachsen), zum Herkules im Süden (Kassel/Hessen), zum Hermannsdenkmal **33** im Westen und zur Porta Westfalica im Norden.

Die kurvige Strecke hinauf auf den Köterberg ist unter Motorradfahrern ein sehr beliebtes Tourenziel.

Tara Wolfs Showdown-Fahrtstrecke wird von Bikern wie Cabriofahrern gleichermaßen geschätzt. Die Tour führt von Blomberg über Schieder-Schwalenberg bis hinauf zum Köterberg (B1, L886, L827).

Eine ebenso wunderschöne Alternativ-Route startet in Barntrup (B66/B1) und führt über das Dörfchen Hiddensen (L947/L946) nach Lügde. Von dort geht es auf der Höxterstraße an der St.-Kilian-Kirche 122 vorbei nach Elbrinxen 123, anschließend weiter bis zur L827, von der man auf die Köterbergstraße abbiegt.

Beide Touren lassen sich auch hervorragend miteinander kombinieren.

DANKE!

Schreiben und Recherchieren sind stets einsame Wege. Aber nicht alle Strecken musste ich allein gehen. Hin und wieder begleitete mich bei diesem Projekt ein lieber Mensch ein kleines Stück und half bei juristischen, medizinischen oder kulturhistorischen Fragen.

Mein ganz besonderer Dank geht an Elke und Naomi Jaschinski, Werner Kuloge und Volker Timm für geduldiges Lesen vom ersten Entwurf an und ihre klugen Anmerkungen.

Außerdem haben zum Gelingen der Texte mit ihren Hinweisen beigetragen: Hannelore Budde, Andreas Edelhoff, Dr. Andreas Hey, Dr. Frank Oliver Klute, Walter Theiler, Rudolf Westerheide (danke für den Blick in die Vergangenheit). Danke an Ingrid Espe-Heinke für das Pickert-Rezept.

Michael Pitt hat wunderschöne Fotos gemacht – vielen Dank dafür!

Wie immer gilt ganz besondere Dankbarkeit meiner Familie, die mich ertragen musste, wenn ich mich in meinen Geschichten verlor, und unterstützt hat, wenn ich wieder einen Wanderweg ausprobieren oder durch die Innenstädte streifen wollte. Vor allem aber danke ich ihr für das Lesen von ersten Story-Versionen.

Alle verbliebenen Fehler gehen ausschließlich auf meine Kappe.

Dank auch an meinen Verlag und meine wunderbare Lektorin Christine Braun, die viel Geduld mit mir hatten.

Und was wäre ein Buch ohne Sie, liebe Leserin, lieber Leser. Denn ausschließlich für Sie habe ich alles geschrieben. Wenn Sie mir schreiben möchten, freue ich mich auf Feedback unter info@christianjaschinski.de.

Herzlich
Christian Jaschinski